黎明之前

宁强剿匪往事

陈十◎著

中国工人出版社

图书在版编目（CIP）数据

黎明之前：宁强剿匪往事 / 陈十著. —北京：中国工人出版社，2020.4
ISBN 978-7-5008-7398-3

Ⅰ.①黎…　Ⅱ.①陈…　Ⅲ.①长篇小说—中国—当代　Ⅳ.①I247.5

中国版本图书馆CIP数据核字（2020）第043546号

黎明之前：宁强剿匪往事

出 版 人　王娇萍
策划编辑　蒋佩轩
责任编辑　刘广涛
文字编辑　李思妍
责任印制　黄　丽
出版发行　中国工人出版社
地　　址　北京市东城区鼓楼外大街45号　邮编：100120
网　　址　http://www.wp-china.com
电　　话　（010）62005043（总编室）（010）62005039（印制管理中心）
　　　　　（010）62379038（社科文艺分社）
发行热线　（010）62005049　（010）62005042（传真）
经　　销　各地书店
印　　刷　天津嘉恒印务有限公司
开　　本　880毫米×1230毫米　1/32
印　　张　8.25
字　　数　163千字
版　　次　2020年5月第1版　2021年11月第2次印刷
定　　价　45.00元

一

连续十几天阴雨绵绵，广坪河秋水高涨，快淹到坝上来了。位于银锭包山下的广坪老街又窄又短，窄到这边街道屋内喊一声，对面店铺里的人都能听清楚；短到不能称之为街，只有区区十几家铺子。在这些破破烂烂的铺子中最显眼、最气派的建筑是广坪河民团队长李树敏的大宅子，上下两层的宅子，十多间房，地上铺着青砖，内壁都粉刷着石灰，画着花鸟鱼虫。

李树敏坐在气派的两层楼里，正和兄弟五人商量如何给死去十多年的父亲老团总操办祭奠道场。老团总是清末武生员，民国初年军阀混战，盗贼横行，老团总仅凭一支汉阳造就办起地方团练，表面声称保境安民，实则称霸一方，还被民国陆军八十军陆战部任命为宁西下九牌民团团长并兼任宁羌县警察局局长。老团总在世的时候，多次接受当局调遣去剿匪，因此力量逐渐强大。但老团总的命不长，在声势如日中天时却一命呜呼。老子打下的基业自然由儿子来接管，李家兄弟六人在广坪狼狈为奸，民团武装的大权则由老五李树敏接管。

李树敏在二楼看着门外寂寥的街道，雨水连绵不断，只见远处走来几个身影。李树敏好奇地伸长脖子，试图看清在狭窄街道中缓缓而行的身影。广坪老街地处深山，外地客极少，而这时雨下得极大，空旷的街道上也只有这三个人。走在中间的是个年轻女子，李树敏第一眼看到的是那女子的一双黑色雨靴，本地绝无仅有。李树敏的目光从那女子的靴子慢慢往上移，心里似乎被什么拨了一下，那女子身形矫健，下身是马裤，紧身的上衣刚好将曼妙的身材完完全全勾勒了出来。李树敏觉得身体中有团火苗在升腾，越来越强烈，脸也变得潮红起来。那个女人越走越近，李树敏清楚地看到了她的脸，不是很漂亮，却很耐看，尤其是那双眼睛，更是寒光四射。李树敏心中一凛，目光从女人身上移开，转到女人左右的两位年轻男子身上，均是一身精明干练的短打扮。

三人从门前走过，李树敏转过头来，想着女人俏丽的背影，心中的那团火越烧越旺，觉得自己就快被点着了。那女人跟自己的两位太太比起来，真是云泥之别。

老六李守和看到李树敏走神，起身过去拍了拍他的肩膀，将他带到现实当中。李树敏长长地打了个哈欠："你们在这儿商量，兄弟几个不要走，中午留在这儿吃饭。"

"冰香子。"

话音未落，门外快步跑进来一个十七八岁明眸皓齿的小姑娘，扶着李树敏走出门。

"五老爷，是去大太太房，还是去二太太房？"

"哪儿都不去，去书房。"

"那我给五老爷点烟灯。"

李树敏轻轻捏了一下冰香子吹弹可破的粉脸："还是冰香子懂事体贴，你来我家时才十岁吧？"

"五老爷，我来老爷家做丫鬟八年了。"

真是女大十八变，冰香子做丫鬟时才十岁，转眼就出落成一个漂亮的大姑娘，十年前为了笼络长工冯用材，李树敏曾答应他等冰香子长大成人就许给他做媳妇儿。哪承想，冰香子出落得这么标致，又知冷知热，李树敏早就对这个决定心生悔意了。但冯用材和冰香子的婚事十年前就定下来了，整个广坪无人不知，而冯用材也是三天两头地催。李树敏派人去探冯用材的口风，冯用材说什么也不同意退婚。

如果只是考虑冯用材，李树敏早就将冰香子纳为小妾了，只是还有一个原因却是不能摆到台面上来说的——那个在汉中读书的宝贝侄儿李政杰总是三天两头地往这儿跑，眼神追着冰香子就像丢了魂一样。李树敏是过来人，侄子的那点小心思他还能不懂!

李树敏斜靠在贵妃榻上，一袋烟下去，顿时神清气爽。他对身旁的冰香子说："去叫六老爷过来。"

不一会儿，脸色阴晴不定的李守和跟着冰香子走进屋，毕恭毕敬地站在李树敏面前。

"老六，安乐河的赵老二是怎么回事？怎么莫名其妙地死在老林沟里?"李树敏阴沉着脸问道。

五短身材的李树敏脸色苍白，沉下脸来更是吓人。

"听说赵老二是在后山上被野兽咬死的。"外号六秃子的李守和中等身材，比较壮硕，脸色赤紫，头上没几根毛发。

李树敏冷冷地看了他一眼，李守和与他阴冷的目光一交接，心里顿时发毛，赶紧将视线移开。

“老六，野兽会把赵老二绑在树上？你告诉我，是熊、野猪，还是狼？”

李树敏的脸色发青，使劲拍了下贵妃榻旁的茶几，震得茶水从杯子中溢出。六秃子是见识过李树敏的厉害手段的，吓得赶紧跪下来。

“赵老二老是碍手碍脚的，前两天我骗他到后山上打猎，把他绑到树上，本想吓唬吓唬他，没承想野兽把他给吃了。”

“胡说八道，到现在还不说实话。赵老二是咱们民团的人，他的身手我还不知道吗？你两个老六能绑住他？”

李守和扑通一下跪在地上，看着怒气大盛的李树敏，一股凉气从心头慢慢升起，再也不敢与李树敏的目光对接，低着头小声说：“赵老二的媳妇跟我好了很长时间，我俩不想做露水夫妻，两人一合计，就骗赵老二去老林沟打猎……”

话还没说完，李树敏就气得站起身，狠狠扇了李守和两个耳光。

“赵老二是咱们民团的高手，为了搞人家媳妇，你竟然把人给杀了，你让我以后在兄弟中如何立足？我让你去当学校校长，要多少钱给多少钱，就是要为广坪河民团培养人才，你去看看青木川的魏富堂请的辅仁中学校长刘加三，人家刘先生是个什么样的人，他培养了多少人才去了四川大学。你呢？不成器的东西，给我滚出去！”

李守和自知理亏，连滚带爬地逃离了李树敏的书房，头也不敢回。

李树敏看着李守和的背影，心中一阵厌恶。弟兄六人，除老大、老二尚能规规矩矩地在寺坝乡下经营田产地业、做点药材生意外，其他三个没一个是省油的灯。

早上李树敏醒来时，发现连绵不断的阴雨停了，万道霞光从山岭间升起，洒在群山郁郁葱葱的树木上。秋天的大山好像个调色板，红色、黄色、绿色交相辉映，简直美不胜收。

李树敏吃过早饭，信步踏上广坪老街。一出院子，他意外地发现街对面正对自己院子的杂货铺子换了主人。杂货铺子门面不大，两层楼两间房，铺子的后面连着四间房的小院子。两间店面被收拾得妥妥帖帖，其中一家店面开了川式茶馆。宁西位于陕甘川交界，青木川更是有"鸡鸣三省"之誉。宁西茶树漫山遍野，陕茶品质相当不错。宁西人的饮食习惯和四川相近，茶喝得勤，只不过广坪不像宁强县城和青木川那么富足。

李树敏走进茶馆，不禁一愣，柜台前端竟坐着昨天雨中看到的女子，只不过已换作一身村妇的打扮，虽不施粉黛，却难掩一身的锐气。茶馆内还有一位年轻男子，面容与女子有几分相像，一身白衣白衫，肩上斜搭着块白毛巾，袖口、裤管扎得紧紧的，身形矫健。

那女子看见李树敏走进屋内，笑吟吟地迎了上去："五老爷，您来喝杯早茶?"

李树敏吃了一惊，因为这两个陌生人自己并不认识。

"我们好像不认识吧？你们二位看着也不像本地人！"

“五老爷，瞧您这话说的，谁不知道从安乐河齐家坝到金山寺几万亩良田和山林树木都是您五老爷家的！谁不知道广坪方圆几十里几万号人都听您的，您民团的几百条枪谁能惹得起！”

一席话说得李树敏如沐春风，他望着面前媚笑的女子，顿时有些飘飘然，三魂出窍，恨不得一把将面前的女人搂在怀里。

“柳光，给五老爷泡茶。”李树敏盯着女人出神之际，女子轻轻地将李树敏扶到桌前，力度拿捏得恰到好处。李树敏虽然坐在椅子上，可眼睛却始终没离开那女子一刻。柳光拎着一把长颈壶嘴的铜壶过来，一弯腰，一招苏秦背剑，壶嘴从背后伸出，贴耳而近李树敏面前的茶杯，稍一使力，热水倾泻而下，瞬间将茶碗中的茶叶激起，却一滴水也未溅到桌上。碗中的每片茶叶在热水的冲击下翩翩起舞，茶汤清澈，淡淡的茶香渐渐弥漫在秋日纯净的空气中。

李树敏抿了一口热茶，全身感觉很舒服，心中翻腾的欲望一点点地被茶汤压了下去。

“老板贵姓？”

“我叫柳芳，刚才给您沏茶的是我弟弟柳光，我男人在隔壁铺子卖桐油，叫张大美。”

“我听你们姐弟二人的口音，不像是我们宁西一片的。”李树敏端起茶碗，轻轻吹去浮在茶汤上的茶叶，又喝了一口热茶。

“五老爷，我们是四川广元的，挨着这儿，来广坪做点小生意，还请五老爷多多关照。”柳芳那双会说话的大眼睛恰到好处地抛了个媚眼，李树敏的身子顿时酥了半边。这时，柳光又提着个铜壶过来，背对茶碗，身体后仰，铜壶的长颈从头前伸出，热水又倾泻到茶碗之中，依然是滴水不漏。整个过程看似轻描淡写，实则难度极大，李树敏是个行家，情不自禁地喝了声彩。

秋日的广坪老街，街上行人并不多，早晨大山刚刚醒来，云雾缭绕。李树敏坐在椅子上眺望远处，只见远山巍峨，近山青翠。柳光去了后院烧水，李树敏起身走近柳芳，一把握住柳芳的手。柳芳含笑看着他，并未将手抽回。李树敏又进一步，将手从柳芳的背上轻轻滑到她结实的臀上，来回摩挲。柳芳依然含笑，只是身体轻轻扭了一下。近距离的接触，李树敏闻到柳芳身上一股陌生又好闻的味道。柳芳的默许极大地刺激了李树敏，他一把将柳芳搂在怀里，嘴巴就凑向柳芳的粉脸。柳芳这时才微微地挣脱开，在李树敏耳边轻声说道："我老公就在隔壁卖桐油，你欺负他老婆，就不怕他阉了你?"

李树敏冷笑一声："在广坪的地盘上，还没有我李树敏做不到的事。"

柳芳瞥了一眼李树敏，嘴角微微上扬，冷笑一声。

李树敏看到柳芳这样的表情，狠狠地撂下一句话："枪再多我买得下，鸦片烟再多我收得下，钱再多我搁得下。"说完，撇下一旁冷眼看着他的柳芳，扬长而去。

李树敏前脚刚离开，柳光就从后院走到茶室里，看着嘴角仍挂着冷笑的柳芳："姐，能拿下李树敏吗?"

柳芳回过头反问了他一句："你看呢?"

柳芳的男人张大美刚刚把铺子的门板卸掉，将院子里的桐油搬了几桶到铺面的柜台上，已经浑身是汗。张大美低头做事，进来了个山民，似曾相识，手里提着几斤桐油，狠狠地砸在柜台上：“你这个外乡人，良心被狗吃了，卖的桐油都是痞油。”张大美将油倒出来一看，对山民笑脸相迎：“老乡，这油不是我们小店的。”

“我还讹诈你不成？要么赔钱，要么退货！”山民不依不饶。遇到蛮横的山民，张大美哭笑不得，只好贴了钱将痞油收下。说来也怪了，张大美做生意也不是一年两年了，其他地方遇不到的事情在广坪却接二连三地遇到，而且愈演愈烈。张大美思来想去，从广元跟着柳芳到这儿来，人生地不熟也没对头，再说广坪也没有第二家卖桐油的，按理说不会有同行来捣乱。

在这种不断发生的纠纷中，艰难谋生的张大美正专心致志地低头盘货，愣是没发现几个彪形大汉已经站在了柜台前。为首的正是六秃子李守和。李守和大模大样地坐在柜台上，从腰间取下一把枪，重重地拍在柜台上。跟在李守和背后的年轻人发话了：“张大美，别尽顾着干活儿，我们六老爷有话对你说。”

张大美吃了一惊，脸上却堆满了笑容：“各位客官，小店刚刚开业，桐油货真价实，各位如果需要，一定包您满意。”

六秃子李守和拿出一个布口袋，扔在柜台上，哗啦哗啦作响。

张大美打开布口袋，捞出一大把亮闪闪的银圆，习惯性地拿出一个银圆用大拇指和中指搭住放在嘴边吹了吹，旋即放在耳边。

"六老爷需要什么货尽管吩咐。"张大美将银圆轻轻放进布口袋里。

李守和轻蔑地看了张大美一眼："我家五老爷你听说过吧？你这个铺子是我们李家五老爷的，现在要收回，你拿了这些银圆回你的广元，从此以后不准再踏进广坪一步，否则，别怪我们不客气！"

张大美顿时就蒙了，也不知道什么地方做的不周得罪了李家兄弟，忙不迭地赔不是。不管好说歹说，李守和就是要赶他走。

"那好，我这几天收拾收拾，我们一家三口从此不再来广坪。"

李守和阴阳怪气地笑着说："谁说让柳芳和柳光走了？我是说让你一个人走。"

张大美这才明白过来，好似一盆凉水从头浇到脚。来的人虽然不是土匪，可比土匪还厉害，敢情人家冲的不是自己的财产，而是自己的老婆。屈辱从心中升起，恨不得拿把刀去拼命，但看看围在柜台边的那几位壮汉和柜台上那把乌黑锃亮的枪，张大美瞬间失去了勇气。

李树敏依旧每天上午准时来柳芳这儿喝茶，一泡就是大半天。原来的两间门面，在张大美走后，就只有柳芳的茶馆每天都开着。

"柳芳，茶馆别开了，搬到对面我的洋房里来，给我做老三吧。"李树敏说这话时，正坐在茶馆最里边的一张椅子上，阳光斜射进来，照在他的半边脸上，显出一个深深的阴影。茶馆里只有李树敏一个客人，两个保镖站在茶馆门口，一左一右地守住大门。

李树敏见柳芳不说话，对正在给他续水、面无表情的柳光说："劝劝你姐姐，嫁过来给我当小，你就是我小舅子，我不会亏了你姐弟二人的。"

柳光却连眼皮都没抬，径自提着铜水壶离开茶房，去了后院。屋内只剩下了柳芳，她不紧不慢地开口："五老爷，您有两房太太了，我嫁过去算怎么回事?"

"当老三，我不会亏待你的。"

"男人哪，都是喜新厌旧的，一旦我不新鲜了，那下场就是一块破抹布，还不如回广元跟着张大美安安生生地过日子。"柳芳斜倚在墙角，有意无意地拨弄着头发。

"跟着张大美漂泊不定的，我将你娶进门，虽说是老三，但两头大，绝不让你受委屈。再说了，你看看我在广坪的势力，上万亩良田山林都是我的，我的民团有几百条枪，你还怕什么?"李树敏见柳芳仍在迟疑，又撂了一句："让你弟弟到民团来谋个差事，总比整天提着个水壶给人续水好吧?"

柳芳流露出一丝让人不易察觉的冷笑，听了李树敏的话，心中不禁一动，回想起来宁西之前在汉中汉江边散步的一幕。

三千里汉江，源头在宁强，流经汉中时，水势浩荡，滋润了这块土地。汉中位于秦岭和巴山之间，土地肥沃，历来就是鱼米之乡，也是兵家必争之地。抗战期间，汉中行营是全国五大行营之一，负责指挥第一、第五、第十战区。美国空军基地司令部也设在汉中，陈纳德将军领导的大名鼎鼎的“飞虎队”就驻扎在汉中。日寇开始全面侵华战争后，大片国土沦陷，国民党在河南洛阳的军事分校改名为中央陆军军官学校第一分校。1938 年夏末，校址选在汉水南岸、巴山北麓的汉中镇台衙门。1938 年至 1944 年，共毕业学生四期，柳芳就是其中一员。后来，汉中军统特训班来挑人，柳芳又接受了军统的高强度训练。

汉江边，夕阳西下，太阳的余晖斜斜地洒在汉江平静的波涛上，泛起金色的影子，远处的渔舟上，渔夫正在撒网打鱼，一网下去，收获颇丰，他高兴地哼起了小调。与柳芳一起散步的是一个老者，身形高大，一身白色长衫，干干净净，戴着副墨镜，长髯飘飘，身旁一条德国纯种狼狗不离左右。柳芳则一身戎装，两人和一条狗在汉江边的夕阳下散步，引来不少路人侧目。

“夕阳无限好，只是近黄昏。”吟诗老者的公开身份是西安绥靖公署少将高参姜森，实质是保密局的头头，柳芳是他培养了多年的得意弟子。

“老师，您正当年，是党国的顶梁柱。”

“这两年，我是真的老了，国内形势堪忧啊。国军主力部队在战场上节节败退，只怕陕西也快不保了。这次我派你到宁西潜伏，是大有深意的。”

姜森见柳芳有些疑惑，边走边说：“宁西在陕甘川三省交界处，是大西北通往大西南的咽喉，地理位置极其险要，战略意义重大。宁西山高林密，地广人稀，历来是土匪出没之地，但也是打游击的好地方。如果我军在正面战场上失利，我打算组织当地的民团力量建成十万地方军和共党周旋。共党想吃掉我们，也没这么容易，我们以陕甘川作根据地，就可以东山再起。”

柳芳看了看老谋深算的姜森说道：“我在广元定了门娃娃亲，张大美在广元做桐油生意，我想和他一起去宁西。另外，还有什么人和我一起去吗?”

姜森思考了片刻，说：“你这次潜伏执行任务是绝密的，责任重大，可以将张大美带去作为掩护。如果有必要，你可以将你弟弟柳光带上，他历练了这么几年，各方面都还过得去，姐弟俩在一起也有个照应。”

二

令李树敏喜出望外的是，柳芳终于答应做妾。柳芳提的条件倒也不苛刻，没有提钱财方面的要求，只求嫁过来以后，要有个独立的房间，不经她同意，任何人不能进来，包括李树敏。理由是：柳芳生性喜静，怕人打扰，也怕李树敏的两房夫人欺负。理由很光鲜，也很合理，着实让人不好拒绝。

柳芳静悄悄地搬进洋房，没有任何声响。广坪的百姓也不知道五老爷娶了个三房。对于洋房子里的人来说，柳芳是个极神秘的人物，直到一次意外事件的发生。

李树敏的大太太是个厚道人，见柳芳进了门，心想总归是一家人，要表个姿态，一天晚上煮了点银耳羹，让冰香子给三太太屋里送去。冰香子端着一碗热腾腾的银耳羹，没法敲门，就喊了声“三太太”，见屋内没回应，就用肩膀将门撞开。屋内的柳芳正专心致志地戴着耳机在发报，没听到屋外的声音，哪曾想有人闯了进来，于是条件反射地拿起桌上的枪开了一枪。子弹擦着冰香子的头顶呼啸而过，冰香子哪见过这场面，当时就吓得瘫在地上，一碗银耳羹泼得遍地都是。

大山的深夜，突然间一声枪响打破了宁静，首先惊动了李树敏和两房太太，下边看家护院的家丁也冲上楼来。

柳芳迅速将无线电设备收好藏在皮箱里，塞到床底下。等到众人赶到时，柳芳已将冰香子搂在怀中，掐了掐人中，冰香子慢慢恢复了意识。李树敏看看桌上枪管里还冒着热气的手枪，取过枪吹了吹枪管，苍白的脸上浮现出一丝奇怪的笑容。

“三太太居然喜欢打枪，明天张占伯带刘青云过来，咱们一起去后山放两枪。”张占伯是李树敏的亲戚，是大浪河一霸，他和国民党四川广元朝天陈家坝乡长刘青云是结拜兄弟。刘青云本就是地方豪强，枪法极好，是方圆几十里的神枪手。李树敏让柳芳和刘青云比试枪法，也是想给柳芳一个下马威。你不是喜欢枪吗？那就让你见见高手。

柳芳跟刘青云见面时已经是下午，张占伯和刘青云在后山竖了几个靶子，李树敏、六秃子李守和带着几个亲信，拥着面无表情的柳芳也来到了银锭包后山。秋高气爽，山顶上凉风习习。按规矩，得李树敏先放第一枪。李树敏从地上拾起一支长枪，拉了拉枪栓，瞄准靶子放了一枪，正中靶心，众人一片喝彩。李树敏得意扬扬地看看面无表情的柳芳。柳芳无动于衷，像看着一群跟自己无关的人在耍杂耍。刘青云的枪法大家都是领教过的，他端起长枪，连续放了几枪，枪枪中靶心，众人一片喝彩，柳芳仍然无动于衷。这时六秃子李守和耐不住了，走到柳芳面前："三太太，您也放两枪?"

柳芳用脚轻轻一挑，地上的一支长枪就来到手中。这时恰逢天上有只野鸽子飞过，柳芳拉开枪栓，朝天放了一枪，只见远处的野鸽子就像断线的风筝一样坠落。六秃子李守和就在柳芳身旁，惊讶得嘴巴都没合上。更令众人诧异的还在后面。柳芳转过身朝半山腰间又放了一枪，子弹从李树敏和刘青云身边穿过，两人都吓了一跳，他们面对的是端着长枪的柳芳，等他们回过头去追踪子弹的轨迹时，半山腰已经躺着一只野兔，四条腿在不停地抽搐。大家都愣在那儿，要知道打活物可比打靶子的难度高多了。多数人都在想，要是三太太哪天朝自己开一枪，掂量掂量自己，飞是飞不过野鸽子，跑也跑不过野兔。刘青云看到柳芳的枪法，心里也暗自掂量了一下，要是让自己打那两个活物，也不能保证百分之百地一枪命中。李树敏对面前这个他执意要娶的女人又多了一层认识，柳芳给他带来的床笫之欢是他之前没有享受过的，跟自己的两个土包子媳妇比起来，真是天壤之别，自己已经欲罢不能。回头一想，既然柳芳的枪法这么好，那么，那天晚上在冰香子面前放的一枪肯定是手下留情了，要是柳芳真想杀人，冰香子哪还有命在。

李政杰从汉中读完了高中回到广坪，第一件事情就是去拜访五叔，顺便去看看他朝思暮想的冰香子。

“恭喜五叔。”

“政杰来了，这喜从何来?”

“听说五叔娶了三太太，家父特地用老山参和山里的鹿鞭、鹿茸配了点药酒，吩咐我给五叔送过来。家父让我带信给五叔，药酒劲道大，一次饮用的量要控制。”

李树敏听罢哈哈大笑：“难为大哥有这份心，亲兄弟到底是亲兄弟，还是俗话说得好，打虎还得亲兄弟。”

叔侄二人聊天之际，冰香子过来倒茶。李政杰眼睛一亮，目光紧紧锁定在冰香子身上。

李树敏看着政杰，清了清嗓子：“政杰，冰香子可是山里的美女。十岁就来了我家，人脾气又好，女大十八变，越变越好看。”

“五叔，你把冰香子赏给我吧!”李政杰觍着脸求李树敏。

“政杰啊，这可不成，你要知道，冰香子十岁的时候，我就答应长工冯用材，等冰香子长大成人就给他当媳妇。我可不能食言。”

“五叔，您说笑了，一个长工，还不好说吗?”

“政杰，话不能这么说，之前，我也探过冯用材的口风，他说什么也不同意。他的意思你可能不懂……他说，就算把命丢了，也不会退婚。”

李树敏看了看李政杰，接着说：“我这个当叔叔的是过来人，怎么会不知道你的想法呢？我早就跟冯用材说过，政杰喜欢冰香子，可是说不通啊！冯用材说就算你政杰跪下来求，他也决不同意退婚，真是一点脸面都不给你五叔。”

李政杰年轻气盛，腾地站了起来，五官扭曲，凶神恶煞地说：“这个冯用材，真是给脸不要脸，敢和我抢女人，我非要给他点颜色瞧瞧不可。”

李树敏别过身去，冷笑了一下。他的目的达到了，李政杰终究还是太年轻，虽说在汉中喝了几年洋墨水，但火暴的性子仍会害了他。李树敏的算盘打得很精，挑唆李政杰去对付冯用材，是一石二鸟之计，既解决了冰香子的退婚，自己又不会落下不诚信的恶名。李树敏突然想到柳芳，如果说李政杰是一碗清水，一眼能看到底，那么柳芳就是一潭浑水，你不知道她在想什么，下一步要做什么，但她就是对自己有吸引力。从银锭包后山比枪后，似乎自己手下的所有人都对柳芳又敬又怕，就连从不买账的刘青云也对柳芳恭敬有加。不知是谁给柳芳起了个外号叫五婆婆，这个称谓不胫而走，此后广坪的人都知道李树敏娶了个厉害的小老婆——五婆婆。

冯用材的家破败不堪，就在紧挨广坪河的寺坝。李树敏的大哥李守质的家也安在寺坝，李守质在兄弟六人中相对要厚道一点，与其他五个似豺狼的弟弟相比，口碑尚可。他在寺坝乡下经营田产、收取地租，做点药材生意，做人也是规规矩矩，被广坪人称为“好好先生”。而李守质的老婆魏守芳却是一个大有来头的人，她是青木川民团队长魏富堂的亲妹妹。魏富堂兄弟三人，只有这么个妹妹，自然是十分珍惜。尤其是魏富堂上了年纪，再加上魏老二在广元因为意外事件惨死后，魏富堂更加觉得人生无常，对家人的亲情就又上了一个层次。魏守芳十八岁嫁到广坪后，与邻里和睦相处，从来不因为魏富堂的关系恃强凌弱，还多次劝阻丈夫李守质不要参与李树敏兄弟五人欺男霸女的勾当，要安生过日子。

魏守芳见独子政杰从汉中学成归来，非常开心。李政杰外出读书数年，魏守芳在家操持家务，平常吃斋念佛，日子过得波澜不惊。儿子回来后，魏守芳本要打发他去青木川看看外婆和舅舅，可李守质坚持要儿子先去广坪祝贺李树敏娶了三姨太，却不知道李政杰从广坪回来后，完全变了个人。傍晚从广坪回来的李政杰源于仇恨和欲望而扭曲的面孔，看起来格外狰狞。

李政杰回家后，急急忙忙从内室取了一把枪出门。魏守芳觉得苗头不对，多了个心眼，就问了一句："政杰，你这是要去哪儿?"

"冯用材家。"

"冯用材不是在你五叔那儿帮忙吗？他跟我家素无瓜葛，你提着枪去他家干什么?"

"我要他退婚，不同意，我就杀了他。"此时的李政杰已经完全丧失了理智。

"你给我回来，冰香子早就许给了冯用材，广坪的人都知道。天下的好姑娘多的是，你千万不要做傻事。"

李政杰哪听得进母亲的劝，拎着枪就往冯用材家走。

魏守芳觉得大事不好，紧紧跟在李政杰后面，紧追慢赶总算没落下。

寺坝地方不大，也就几十户人家，鸡犬相闻，而且大部分田产都是李守质家的。傍晚的寺坝隐在秦岭深处，远处看去炊烟袅袅，一片安宁。此时的李政杰和魏守芳却无心欣赏这样的美景，一个年轻气盛，被李树敏挑唆得怒火中烧；另一个担心儿子闯祸，心中忐忑，亦步亦趋。

李政杰看到冯用材家正升起炊烟，就使劲拍打柴门。可能隔得比较远，冯用材迟迟没开门。李政杰火冒三丈，拿起枪，打开保险，朝天就是一枪，傍晚时分，枪声十分刺耳，划破了村庄的宁静，附近开始有些胆大的邻居探出头来一看究竟。

魏守芳看到儿子朝天放枪，又看到有些邻居出门来看热闹，就拽着李政杰要往回赶，可毕竟是女流之辈，没多大力气，拽不动儿子。李政杰在冯用材门前又跳又骂，周围看热闹的邻居慢慢多了起来，并逐渐围了上来。魏守芳是个要面子的人，看到这么多邻居出来围观，又指指点点，恨不得地上有个缝钻进去，又急又怒。

拉拽之间，意外发生了。李政杰的枪没关保险，不小心走火，一枪正中魏守芳的胸膛。魏守芳应声倒地，瞬间命归黄泉。事情来得太突然，李政杰毕竟是个刚毕业的学生，闯了这么大的祸，吓得把手枪扔掉，浑身发抖。

这时，不知哪位邻居喊了一句："政杰，还不快跑！"

一语点醒梦中人，李政杰开始发疯似的逃走，不一会儿就消失在大山深处。

三

青木川真是个好地方，山青水秀，气候宜人。因为西连四川省青川县，北邻甘肃省武都县、康县，陕、甘、川三省在此交界，青木川被称为“一脚踏三省”“鸡鸣三省响”之地。青木川在历史上原属川地羌汉杂居区，起初这里地广人稀，林茂地荒，明初划给陕西后，不断有周边地区的人口迁至，在川谷沿河建房，形成村庄。明朝时始称草场坝，后建回龙寺。清光绪年间为宁羌州西路 18 牌之一，据说因当地有一棵大青木树而改名为青木川。青木川中间是峡谷地带，全是川道平原的良田，盛产稻米、杂粮，物产富饶，至于山货药材、木耳、漆、桐都是大名鼎鼎的。青木川的地形像条船，景色优美，有人将近街的山水寺庙诸般景致题诗一首：

青木山形似一舟，圆潭石柱镇中流。
五谷呈瑞勃然秀，三和跃鱼自在游。
龙寺落帽溯古孟，文庙种桃问前刘。
将军坐对三堡寨，池水遥对画眉笼。

在这棵大青木树下，统治了青木川十多年的魏富堂正在和辅仁中学校长刘加三闲谈。刘加三是魏富堂最敬重的人，当年高薪挖过来的。辅仁中学是他这两年最重要的事业，聘请个好校长比什么都重要。自从十多年前和哥哥魏老二杀死青木川原民团首领魏征先夺权以后，他把青木川治理得井井有条，成为三省交界处最大的烟土交易场所，从此富甲一方，顺风顺水。然而就在最近，接连发生了几件大事，令魏富堂伤感不已，顿觉人生无常，人也变得消沉起来，因此经常拉着刘加三闲聊。经过刘加三开导后，魏富堂的情绪才稍微有所好转。

“刘先生，想当年我们家少有田产，只有瓦房三间，家境贫困，家父农忙时种地，农闲时则挑担走街串乡地去卖油，做点小本生意，贴补家用，日子过得紧巴巴。我们兄弟三人读书不多，我只进过两年私塾就成天在茶房、酒肆、赌博摊上混，那段日子真的是不堪回首。”

秋天的阳光透过大青木树厚厚的叶片，洒在刘加三的灰色长衫上。刘加三眯着眼，透着厚厚的镜片饶有兴致地看着面前感慨万千的魏富堂。

魏富堂是个胖子，每天无肉不欢，一袭长衫紧紧地裹在身上，差点就要撑开。他的脸上肌肉松弛，浓眉、小眼睛、大嘴巴，两颗门牙压在下唇上，眼皮浮肿，脸色晦暗。

魏富堂正沉浸在回忆之中，从远处快步走来一位身材瘦高的年轻人，显得精明干练，面色凝重，身旁跟着一位中年汉子，中等身材，同样面容深沉。年轻人悄无声息地走到魏富堂身边，轻轻地喊了一声：“魏老爷。”他旋即对刘加三点了点头：“刘校长也在。”

魏富堂回过头来，没注意到年轻人身边的中年汉子，问：“种德，有事吗？我和刘校长聊天呢。”

“广坪的李家四老爷来送信。”年轻人轻轻地说道。年轻人是魏富堂的参谋主任徐种德，魏富堂资助他读到四川大学。魏富堂曾经资助十几个青木川的孩子去读大学，后因用人之际，写信让那些孩子回来帮忙，只有徐种德感念资助之恩，大学还未毕业就回来当参谋主任。

“李守敦？”魏富堂顿时露出一丝不快，这时才发现李守敦就跟在徐种德身后。

“老四，按理不该我说，但我们两家是亲上加亲，你的妹子嫁给我大哥的儿子，我的妹子嫁给你大哥李守质，但水观音葛家坝的事你做得太狠了。”

李守敦脸色一变，迅疾恢复：“魏老爷教导的对。”

“广坪和青木川一河之隔，葛家的人也找过我，我想我们两家关系特殊，不便去管，想不到你老四这么心狠手辣，赶尽杀绝，要是早知道你老四会这么做，我绝不会袖手旁观。”

李守敦脸色大变，眼中凶光毕露，正待发作，徐种德看在眼里，扯了扯他的袖子，在他的耳边轻轻说道：“四老爷，你来这儿是有正事，要送信的。就让魏老爷说上两句，待会儿可能还要难过。”

李守敦听到徐种德的劝说，只能将心中的怒火一点一点往下压。

李守敦确实心狠手辣，与李树敏有的一拼。广坪水观音村葛家坝的一百多亩水田那是寸土寸金，远近闻名，平展展一坝水田，阳光充足、土地肥沃、水源充沛，所以连年丰收。葛家的日子由此也过得殷实富足。一百多亩的上好水田分别在葛兴福、葛兴禄、葛兴怀、葛兴邦四兄弟手中。李守敦对这一百多亩上好水田觊觎很久，多次想占为已有。

李守敦得知葛兴禄的妻子爱吸大烟，就派人引诱她到广坪李树敏开的烟馆来过瘾，起初免费招待，等到这女人的烟瘾越来越大时，就逼女人写欠条，不要银子只要水田。几次一来，李守敦拿着厚厚一叠欠条就将葛兴禄的水田给强占了。不仅强占了，而且他还将葛兴禄抓了起来，逼他还银子。葛兴禄知道着了人家的道儿，有苦难言。葛兴福和葛兴禄是亲兄弟，为救弟弟一家，万般无奈，只好将自己名下的水田也让给了李守敦，这才救了弟弟全家的性命。兄弟俩回头看看祖上世世代代传下来的水田到自己手上都被人算计了，再也没脸待在葛家坝，于是举家外迁。

葛兴怀、葛兴邦二人与葛兴禄、葛兴福是堂兄弟，看到葛兴禄兄弟二人被李守敦算计得远走他乡，也害怕起来，因此约束家人，不得沾染大烟，做任何事情都要避着李家人，只求平安自保。李守敦觊觎葛家坝良田多时，强占了葛兴禄兄弟二人的良田后并未感到满足而收手，于是又派人向葛兴邦兄弟俩低价买地。俩人坚决不肯，并暗中到宁强告官，不曾有用，这边李守敦还在不断施加压力，大有良田不到手就不罢休之势。葛家人万般无奈，又托关系花重金去甘肃碧口的孙专员那儿告状。孙专员原本想主持正义，但李守敦上下活动，也花了不少银两，又将事情平息下来。

俗话说得好：不怕贼偷就怕贼惦记。李守敦始终惦记着这块肥肉，葛兴邦兄弟心知肚明，又去青木川找过魏富堂。魏富堂思前想后，因为和李家这种亲上加亲的特殊关系，自己很难出头，反而劝说葛氏兄弟来青木川住，这令葛氏兄弟失望至极。

李守敦见葛氏兄弟不好对付，软硬不吃，于是狗急跳墙，密谋杀人越货。正月初九，正值收烟时节，李守敦打听到葛氏兄弟住在大山后头的椒涯山收烟，于是派出五个团丁，带足了枪支弹药，意图行凶。月黑风高之际，五个团丁摸到椒涯山。葛兴怀辛苦了一天，正打算休息，就叫来帮工，给他打个泡子吸两口大烟解解乏。可怜大烟还没入口，他就被一顿乱枪打死在窝棚里。五个团丁继续寻找葛兴邦，听说他回到了葛家坝。这五位团丁急了，李守敦的心狠手辣大家都是见识过的，要是取不了葛氏兄弟的命，自己的命恐怕也难保。五人一合计，转身直奔葛家坝。五个团丁在下山的羊肠小道上连滚带爬，赶了一夜的山路，总算在黎明之前到达葛兴邦的家门口。

黎明前，整个葛家坝夜色沉静如水，寂静无声。一名团丁敲门喊叫葛兴邦，葛兴邦起来刚打开院子的柴门，就遭到枪击，“扑通”一声倒在柴门后。枪声惊醒了葛兴邦的妻子汪氏和干儿子刘娃子。汪氏是女流之辈，哪见过这个阵仗，吓得浑身发抖，也不敢到门口，就躲在灶门口，一边点灯一边叫：“刘娃子，快看看谁在打枪。”

刘娃子起床后，发现柴门后头躺着葛兴邦。这时天色已亮，他跳到台阶上，一看来的人眼熟，下意识地喊了一句：“他们是李家的人。”

话音刚落，走在最后的团丁回头就给了刘娃子一枪，刘娃子一头栽在地上。

葛氏兄弟的两个寡妇和孩子抱头痛哭，好像天塌了下来，好在亲戚和邻居帮助料理了后事。丧事办完不久，李守敦就衣着光鲜地到葛家提亲，要娶葛兴邦的遗孀为妾，葛家说什么也不同意。过了两天，李守敦又来提亲，要娶葛兴邦十五岁的女儿为妾，葛家更是严词拒绝。后来，六秃子李守和带着枪，恶狠狠地指着汪氏的头说：“这个不行，那个不行，刘平阳抱给你们行吧?”刘平阳是六秃子李守和的妻弟，尚未成家。

汪氏知道，如果再拒绝的话，恐怕葛家将有灭门之祸，为了给葛家保存点血脉，在羞辱和愤恨中，勉强答应了这门亲事。成亲以后，这一百多亩上好的水田自然就归在了李守敦的名下。

此时，魏富堂对面前的这个中等身材的汉子产生了强烈的厌恶。等到李守敦将魏守芳的死讯通知他时，魏富堂彻底蒙了。

祸不单行，前不久，魏富堂的哥哥魏老二在碧口搭上了个开麻绳铺的女子，有几分姿色，魏老二花巨资将其纳为第四房姨太太。正月里，魏老二带上新媳妇回娘家拜年，在碧口遇到巨匪唐伦手下的牛副官。魏老二与牛副官在青木川就熟悉了，在牛副官的运作下，唐伦打家劫舍时，从来都是避开青木川。两人在碧口一见，就成天泡在一起抽烟、赌钱，吃喝玩乐。

有一天麻将打腻烦了，两人约了一群人浩浩荡荡地去茶馆里看打花鼓。正月里，茶馆里茶客满座，大家听花鼓唱得动情入神，掌声不断。突然间，一群荷枪实弹的士兵里三层外三层地将茶馆团团围住，其中一名领头的军官喊道：“都不许动，要查坏人。”

魏老二心想，自己是外乡人，怎么查都查不到自己头上，于是安之若素地继续喝茶，哪承想有人从人群中射出两枪，正中自己前胸。魏老二捂住胸口喊：“我是好人，是魏营长。”

门外有人冷笑道：“我今天要打的就是你魏老二。”

魏老二还没来得及反应过来，就一命呜呼了。茶馆中众人见出了人命，顿时乱作一团，夺路而逃。

巧的是，事情发生当晚，碧口驻军陈营长的部队星夜撤离玉林关，说是接到换防的命令。

消息传到青木川，魏富堂痛哭流涕，马上命令徐种德集合部队，开赴碧口。要对方交出凶手，否则就要血洗碧口。

魏富堂有个习惯，除非迫不得已，否则不会离开青木川。此时，兄长被人暗杀，他急怒攻心，也顾不得那么多，领着队伍，浩浩荡荡向碧口而去。

一路上回想自己兄弟三人，老大是个财迷，靠赌博出老千起家，曾在一夜之间，用一盏灯油赢了高员外的一所四水到堂的大院落，外带二十亩田地的庄院。但魏老大生性胆小，历来不沾染枪杆子。兄弟三人中，魏老二跟自己更贴心，而且老二胆大心细，十多年前，自己在青木川原团总魏征先手下背枪办事，只当了个排长，而老二就已经当了管带，带了一个营，驻在青木川的坝口。兄弟两人内当家、外管事，结交了一伙死党，早就架空了魏征先。当年的魏富堂虽然年轻，但已经显露出一代枭雄的本色，弄权收买人心，内外串通，上下勾连，事无巨细都要他发号施令。蓄谋已久的魏富堂看到时机已经成熟，便约魏老大、魏老二一起喝酒，兄弟三人一起喝酒是常事，可这次有着特殊的意义。

“魏征先贪财图利，烧大烟、刮地皮，胸无大志，成不了大事。你我兄弟岂能久居他人之下，受他的管束。要想出头，咱们兄弟三人就把枪扯了，我们来管青木川的事。”

魏富堂此言一出，魏老大、魏老二都大吃一惊。魏老大胆小怕事，抢先开口：“事情要稳当，弄翻翘了，大家都要受累，吃大亏，我看还是算了。”

魏老大一出口，原本热闹的气氛顿时就凉了下来。魏富堂心意已决，拉下脸，看着两位兄长，一言不发。

魏老二沉思良久，开口道：“我支持老三，魏征先虽是懦弱无能，但待我们兄弟二人不薄，那样做恐怕我们兄弟二人的名誉会受损，就算哗变成功在青木川也无法立足。”

魏富堂斩钉截铁地说：“两位哥哥请放心，事情我都已经安排好了，万无一失。二哥须事先借故离开这儿，等事情成功再带队伍回来，若失手，可免落责嫌。”

魏老大干了杯酒，借故先离开饭局，他不愿意掺和到这桩恶事中。魏富堂心知肚明，和魏老二继续一起策划。

“老三，魏征先身边的几个团丁个个武艺高强，如事不成，我们恐怕就性命难保，你可要考虑周全，否则绝不可以轻举妄动。”

魏富堂微微一笑：“这些人只不过是有勇无谋的匹夫，哥哥你多虑了。再说谁不爱钱？瞎子见钱眼开，我早就将他们拉过来，成为我们的人了。重赏之下，必有勇夫，我都许了愿，事成之后有福同享。此外，我还联络了几个人，全部倒向我这边。二哥放心，保证手到擒来，马到成功。”

魏老二听魏富堂讲得步骤严密，环环相扣，就端起酒碗，一饮而尽，然后将酒碗狠狠地摔在地上：“老三，干！你事成之后，我将队伍拉回来，给你稳定大局。”

魏富堂边走边想，那年的冬天可真冷啊！大雪漫天遍野，道路上几乎没人行走，魏富堂先吩咐魏征先的几个不离左右的心腹到魏征先的乡下家中取大烟。几个人看着门外飘落的大雪，都不愿去。魏富堂硬是给每人塞了几块大洋，好说歹说才将人支开。起事的那天早晨，魏富堂在门外等待，魏征先侧身躺在床上抽大烟。打大烟泡的魏富堂向事先安排好的团丁使了个眼色，便借故离开铺位。团丁隔着柜台，抽出枪，朝侧卧的魏征先后心就是一枪，顿时血流满铺，魏征先瞬间毙命。这时，在门外的魏富堂见魏征先已经毙命，并未将心放下来，他知道事情才刚刚开始，这时他最期待的就是魏老二赶快带兵回来。

魏富堂首先吹哨子集合自己的心腹，挟制众人，并由心腹收缴大家的枪支，将队伍带到文昌宫去驻扎，以防他变。就在他宣布魏征先的罪状之时，下面的团丁议论纷纷，尤其是一部分团丁有哗变的动向。魏富堂清楚，如果这时不能控制形势，恐怕后果难以预料。就在这千钧一发之际，盼星星盼月亮，魏老二总算带着部队赶到文昌宫，稳定了大局。

“好险啊，要是魏老二晚来一步。”魏富堂不敢往深处去想。

兄弟二人首先在五谷场大做道场，为魏征先招魂设祭，让魏征先的妻子儿女在灵前挂孝举哀，隆重祭奠，先稳住人心。然后，他们将开枪的团丁捆了起来，将杀人的罪名全部推至团丁一人身上。就在团丁大呼冤枉，要将事情的经过公之于众时，魏老二抢先一枪，杀了这个团丁。自此，魏征先命案画上了句号，这里面的勾当也就只有魏家兄弟最为清楚了。

魏富堂在魏老二的极力辅佐下，终于坐稳了青木川团总的位置，并开始了长达十几年的统治。后来，凡是遇到棘手的事，都是魏老二冲在前面，打打杀杀，为魏富堂扫清障碍。现在，魏老二在碧口横死，连杀手是谁，为什么被杀都搞不清楚，怎么不叫魏富堂痛心?

魏富堂铁青着脸，怒火攻心，带着队伍赶到碧口的地界。碧口位于甘肃境内，工商业发达，魏老二在这儿丧命，碧口的工商界都知道大事不好，魏富堂是个惹不起的角色，再加上陈营长连夜换防，远走他乡，事情变得非常复杂，扑朔迷离。一番商量后，碧口商会的几个会长、副会长一身孝服，在碧口的路口截住了魏富堂。

魏富堂沉着个脸不说话，部队原地驻扎。徐种德出面和商会的会长谈了半天，回来时，他带来了陈营长的一封信，信中说得很清楚，这次事件是不幸的误会，愿意承认错误并赔礼道歉。

魏富堂识不了几个字，听徐种德一念，气呼呼地将信抢过来，撕了个粉碎，还不解恨，又在纸屑上狠狠踩了两脚。

“老爷，您先息怒。”徐种德在一旁劝解。过了好一会儿，魏富堂的情绪才稍稍平静下来。

“老爷，这件事情不是这么简单的。如果真的动武，碧口的地方武装实力雄厚，事态再扩大，我们远道而来，敌众我寡，不一定有胜算。”

魏富堂听徐种德这么一讲，立刻打了个激灵，仔细想想确实如此，真要真刀真枪去干，自己并没有十足的胜算。魏富堂思考良久，叹了一口气：“二老爷就白死了？”

“我跟碧口商会的人谈了，只要不动干戈，他们负责承担全部的经功道场、安葬收埋的费用，尽量做到让死者光彩荣耀。”

魏富堂沉吟了半晌，并未表示同意。

“我跟他们说了，还要赔一千现大洋，不过他们只同意出一半。”徐种德说。

“我的二哥呀，你死得好惨啊！现在连凶手是谁都不知道。”魏富堂刚才还说得好好的，突然大哭起来，涕泪横流。徐种德看了魏富堂这个架势，知道魏富堂心里十有八九已接受了这个方案，就又趁热打铁：“老爷，答应了调停人的要求，即刻落得人情，有利于将来行事，又可以向碧口的商会敲上一笔。再说，人死不能复生，这样一来，生者体面，死者光彩。”魏富堂好不容易止住悲声，对徐种德说："种德，停战吧，你代表我去谈，全权交给你。"碧口商会与魏富堂联合组成了治丧会，用盛大的仪仗队将魏老二的尸体送回青木川。沿途人枪数百，孝幛挽联，旗幡招展，浩浩荡荡，号角喧天，人马连绵数里，将魏老二葬在青木川。

事后，魏富堂也多次暗中派人打听魏老二的死因，一说是魏老二过去黑吃黑，欺负过甘肃的大烟贩子，有个大烟贩子的侄子在陈营长手下当连长，打听到魏老二来到碧口，正好刺杀，为其叔叔报仇。还有种说法是魏老二新娶的第四房姨太太，就是那个开麻绳铺子的女人原来就有相好，相好见情人被魏老二霸占后气不过，愤而刺杀。但哪种说法都有疑点，也找不出确凿的证据。自魏老二被枪杀后，魏富堂一直心情不好，有事没事就找刘加三聊天。刘加三知识渊博，讲话又风趣，经常给魏富堂讲点历史上的典故，魏富堂听得津津有味，心情也稍稍好了一点。

魏富堂听说魏守芳的死因后，气得直哆嗦："李政杰那个兔崽子现在在哪里？大逆不道，我要一枪毙了他！"生气归生气，李家派人过来报过丧，总是要去祭奠，送妹妹最后一程。想到魏老二和魏守芳突如其来地相继离世，他心中产生了深深的悲凉。魏富堂带着徐种德、刘加三以及几个保镖，坐着滑竿赶到寺坝。李家的兄弟六人和两个妹夫都是重孝，李守质伤心欲绝，所有的事情都是柳芳在忙前忙后。李氏兄弟见到魏富堂前来，个个上前招呼。

魏富堂一把抓住李守质的领口："把你的宝贝儿子交出来，让他偿命！否则，老子毙了你！"李守质本身就没什么主见，家中的事情都是由老五李树敏做主，被魏富堂这么一闹，脸吓得煞白，话已说不出来。

徐种德和刘加三赶紧过来劝导，将李守质解救下来。这时，柳芳不紧不慢地走过来，对魏富堂说："魏团总，您息怒！远道而来，您先坐下来喝杯水。"

魏富堂见柳芳面生得很，斜斜地扫了她一眼："你是谁？"六秃子李守和凑过来道："魏老爷，她就是我们家的五婆婆，这儿的大小事情都听五婆婆的。"

魏富堂打眼一看，柳芳虽然姿色一般，但身材极好，打扮干练，一看就是个厉害的主。

魏富堂暗自思量：老三李守善，老四李守敦，都是心狠手辣的主，老五李树敏和六秃子更是阴险狡猾，兄弟几个怎么会听一个年轻女子的？这个女子到底有什么能耐？

正在沉思之际，柳芳一把抓住魏富堂的手："魏团总，你这手可是发财的手，抓金抓银，富贵满堂。"

魏富堂给柳芳抓住手掌，听她一夸，也不知道她的葫芦里卖的是什么药。柳芳捏捏魏富堂的手心，又捏捏他的手背："魏团总，这手心手背都是您的肉，丢了哪一块您都要疼啊！"

柳芳的话一出口，刘加三和徐种德都明白了柳芳说话的弦外之音。魏富堂急怒攻心，不知道柳芳的比画是什么意思。

刘加三扶着魏富堂走进院子内，挑了个安静的地方坐下来，徐种德站在身后，说：“魏老爷，你与令妹的感情我和种德都心知肚明，最近流年不利，二老爷也意外离世，但人死不能复生，政杰犯了这么大的错，他也是你的外甥，打断骨头连着筋。你要是对政杰下手，可就酿成大错了。”

“这个兔崽子做出这种大逆不道的事，我不毙了他难解心头之恨。”

“魏老爷，万万不可！要是毙掉了政杰，你不但失去了妹妹，还失去了外甥。”徐种德劝道。

“广坪和青木川犬牙交错，唇齿相依，现在魏家和李家是亲上加亲，要是你毙了政杰，那就是仇上加仇了。万一有个什么风吹草动，对两家，对整个宁西都不利。”

魏富堂就是佩服刘加三的深谋远虑，往常对刘加三都是言听计从。往深处想想，刘加三的话极有道理，确实不能意气用事。

魏富堂思虑良久，突然冒出一句：“这个五婆婆不简单，是个狠角色。”

刘加三和徐种德也同样在思考这个问题。刘加三作为中共地下党员，深知宁西战略位置的重要，党组织派他潜伏下来，就是要摸清宁西的各方势力，等大部队到达时伺机策反，为解放整个川陕甘扫清障碍。宁西最大的三支地方武装魏富堂、李树敏和成连音，哪一支都不是省油的灯。李树敏纳的这个妾，看来不仅在李家，在李树敏的民团里也已经是举足轻重的人物，这个突然冒出来的神秘五婆婆到底是什么来头，何方神圣？

“刘校长，种德，我们回去吧！”刘加三正在细细揣测时，魏富堂突然提出回家。

“还是等下葬后我们再走吧。”徐种德见魏富堂要回去，大吃一惊。宁西的风俗，死者为大，要等到死者下葬后才算完成葬礼。这时候走，于情于理都不大合适。

“走吧，回青木川，我在这里很难受!”

“种德，听团总的，我们回青木川。”刘加三深知魏富堂的心意。

魏富堂坐着滑竿，趁着月色，赶往青木川。大山里人烟稀少，夜色笼罩下更是分外寂寥。一行人沿金溪河而上，耳边响起溪水拍石声，没人开口，都默默地赶路。魏富堂的情绪如同这夜色一样低到了极点。刘加三清楚地知道魏富堂的想法，自从魏富堂做局杀了魏征先，成为青木川的统治者以后，对什么事情都疑神疑鬼，一般不出青木川半步，尤其是魏老二在碧口被枪杀后，魏富堂行事变得更加谨慎。

魏富堂说：“刘校长，我们辅仁中学送出去的几个学生，可不能像那个畜生。”

刘加三转过头看看徐种德：“种德的人品在这里，他不就是榜样?”

魏富堂长长地叹了口气：“青木川哪家孩子不来上学，我就将孩子的父母抓了关起来，直到父母同意孩子来上学才放人，所有上学的费用都由我来承担。”

“是啊，上次胡宗南长官来青木川视察辅仁中学，孩子们给他表演英语对话、武术和音乐，胡长官大为惊讶，他想不到一个小小山旮旯里的学校教学水平比西安都要高。”

“胡长官还为我们辅仁中学题了‘培育英才’的牌匾。”

魏富堂话锋一转：“刘校长，种德，我二哥走了，守芳也走了，我真是舍不得他们呀！外界都说我跟二哥共谋大业，好得像一个人，这怎么可能？牙齿和舌头还会打架呢，何况兄弟。”

刘加三迟疑了一下，没有接茬儿，徐种德也是一句话没讲。此时大山静谧，静得似乎连彼此的心跳声都能听到。魏富堂坐在滑竿上，自言自语地回忆起一桩往事。

“要不是守芳那一跪，我跟二哥真要火拼起来，那后果真是要家破人亡了！”魏富堂想起往事，对魏老二和魏守芳的意外离世顿感悲伤，眼泪哗哗流下，夜色沉静如水，陪同的人竟没发觉。

魏富堂和魏老二设计枪杀了魏征先，夺权成功。又经过一段时间的内外杀伐，魏氏兄弟已坐稳了青木川的江山。魏富堂一枝独秀，老大、老二江河日下。老大本就是财迷，对打打杀杀、争权夺利并不感兴趣，但老二性情暴戾，两兄弟为了利益开始钩心斗角，虽然大面子上没有破裂，但已经是一触即发。

魏老二的内侄与民团张德诚的妻子勾搭成奸，张德诚虽是外乡人，却有一身好武艺，是魏富堂的警卫队长，深得魏富堂的信任，平时都是跟着魏富堂忙里忙外。一天偶然回家，撞破奸情，自己的女人正一丝不挂地和魏老二的内侄在床上激战。按照他的脾气，老早就会拔出枪快意恩仇了，但他还算理智，知道魏老二的内侄身份特殊，没有取他性命，只是将其一丝不挂地吊起来狠狠地教训了一顿。打就打了，关键是围观者甚多，这丑就出大了，魏老二的内侄回去后，添油加醋，一把鼻涕一把泪地向魏老二告黑状。

魏老二本就是火暴性子，跟手下说："他妈的，张德诚吃了熊心豹子胆，这明明就是打周仓尻子伤关老爷的脸，跟我过不去，你们明天去收了他的枪。"

魏老二的警卫队长魏绍德连连说："二爷，不妥，那张德诚是三爷的警卫队长，武艺了得，硬去收枪，他肯定不会给，弄不好还会出人命，三爷知道了也不会答应，反而将事情搞大了。你听我的，我去把张德诚的枪弄来。"他在魏老二耳朵旁轻轻说了几句，说得魏老二直点头。

第二天，魏老二的警卫队长在路上遇到张德诚，笑眯眯地跟张德诚讲："张队长，我昨天随二老爷打野兔子，枪卡了壳，把你的枪借我打一天，完事了我给您送去。"

张德诚一看是熟人，也没多想，就信以为真，将佩枪摘下给了魏老二的警卫队长。这枪借出去以后，再想往回要可就难了。没枪如何保护魏富堂的安全，张德诚万般无奈，硬着头皮将实情告诉了魏富堂。魏富堂一听大怒，魏老二做事太过分了，警卫队长没枪怎么保护自己？这玩笑开得起吗？但公开去闹，会被人家看笑话，于是他心生一计。

魏富堂派了个团丁跟魏老二的警卫队长传话："你相好的女

人在上街，要跟你说句话。”魏老二的警卫队长听说相好的有约，心花怒放而来，还没到上街，就被一帮人用绳子捆得像个粽子。

魏老二见自己的警卫队长数日不回，心里纳闷，一打听，敢情是被人逮了起来。这下捂着的盖子被揭开了，兄弟二人终于在林家茶铺子里吵了起来。

魏富堂首先指责魏老二：“你内侄搞了人家老婆还有理，欺负张家，你又派人去收了我警卫队长的枪，欺人太甚，还有没有王法?”

魏老二将茶碗一摔，指着魏富堂说：“张德诚狗仗人势，打了我的亲戚，你不管教，还给他撑腰，你老三混账透顶。”

魏富堂见老二如此不讲理，火冒三丈，一茶碗迎面掷去，泼得魏老二浑身湿漉漉的。茶馆里喝茶的人惊得目瞪口呆，只是没谁敢上去劝阻。

林家茶铺子离魏老二家就几步路，魏老二急急忙忙跑回家，衣服也不换，提起一支长枪就冲进茶馆，枪栓拉得嚓嚓响，朝天就是一枪。

魏富堂见魏老二提枪出来，冷笑一声，端坐在椅子上，也从怀里掏出一把手枪打开保险。不一会儿，双方的警卫人员各自端着枪匆匆赶到，双方剑拔弩张，一场枪战一触即发。

魏守芳正好从寺坝回娘家，听说这么一出，和魏老太爷、魏老大气喘吁吁地从上街匆匆赶来。魏老太爷一把抱住魏富堂：“今天你们都疯了，自己兄弟还刀枪相见。”

魏富堂大声说：“老二袒护亲戚，还扣我的枪，叫我以后如何带兄弟管地方？”

那边被魏老大扭住的魏老二说：“他帮外姓人整我亲戚，伤我面子，还来耍歪。”

魏老太爷说：“怪得很哪，你为亲戚他为部下两人就要枪吗？也不怕人家笑话！”

任凭魏老太爷和魏老大苦苦相劝，两人还是不肯收兵。魏守芳见情况不妙，哭着往两人中间一跪：“二哥，三哥，你们打死我出气算了！”魏守芳最受兄弟几人疼爱，见魏守芳这样，二人的心都软了下来。劝的人你劝一个，我推一个，双方的人才慢慢散去。

当晚，华灯初上，魏老大的高楼上灯火通明，魏老太爷和三个儿子、一个女儿围坐在桌前。魏老太爷沙哑着声音说道：“老二、老三这么一闹，有好处。好的方面说，我们魏家人待人厚道，不徇私情；坏处呢，就是同室操戈，伤了兄弟和气。”说罢，他端起一杯酒，说：“今晚喝了这杯和气酒，气散了，疙瘩就解开了，以后的事情不就更好办了？”

魏富堂坐在滑竿上讲到这里，快到青木川地盘了，回头看看刘加三和徐种德：“你们知道那天老太爷最后说了什么话？”

刘加三饶有兴趣地看着魏富堂：“愿闻其详。”

“种德，你猜得出吗？”

徐种德摇了摇头。

魏富堂说：“老太爷说，人必自侮，然后人侮之；国必自伐，然后人伐之。种德，你说，老太爷一辈子种地，农闲就去做点油的小本生意，哪会说出寓意这么深的话？而他就偏偏说出来了！而如今，老太爷、老二、守芳都已离开人世，就剩下大哥和我了。可怜守芳，年纪轻轻遭此大劫，李政杰真是个畜生，见到他，我非亲手毙掉他。”

刘加三一路上听魏富堂回忆往事，最后听到他引用《孟子》中的那段话，心中一动，顺势说道：“老太爷说得好，人最重要的是要认清大势，不要和趋势作对，与趋势作对就是自侮，下场不会太好。”

魏富堂肥胖的身躯躺在滑竿上，听到刘加三的话，硕大的脑袋使劲点了点。

就在魏富堂在夜色下赶路的时候，李政杰也在大山里漫无目的地乱窜，懊恼、恐惧、极端的后悔，他知道自己闯下大祸，家肯定不能回，也没脸回家，几个叔叔家也不能去，犯了如此大逆不道的事情，如果回去，恐怕早就被一枪爆头了。李政杰在半山腰茂密的树丛里眺望寺坝家中，只见人来人往，到处都燃着火把，突然就有回家再看一眼母亲的渴望。他在崎岖的山路上艰难行走，临近寺坝，脚下一滑，正要摔倒之际，突然被人扶了一把。李政杰定睛一看，父亲李守质正站在他面前，李守质旁边是五婆婆柳芳。

李政杰毕竟还是个少年，见到亲人，就放声大哭起来。李守质没有怪他，叹了口气，从怀里掏出个布口袋，里面满满的都是银圆。

“这个家是不能回了，青木川也不能去，舅舅到处在找你，家法你是知道的。你母亲明天下葬，你不必来了，拿着这笔钱去大浪河找张占伯，我让他想办法将你送到汉中，你五婶给你在汉中找了个差事。咱们父子今生能不能再见，就要看缘分了。”说完将布口袋塞到李政杰手中。

面无表情的五婆婆柳芳交给李政杰一封信：“去汉中的这个地址找这个人，他会给你安排个差事。”夜色中，李政杰匆匆看了一眼，只见信封上写着“姜森”两个大字。

“我想回去看看母亲再走。”

“你不想要命现在就回去。”柳芳冷冷地回了一句。

李政杰犹豫了一下，跟李守质、柳芳道别。李守质挥了挥手，李政杰转身艰难地迈出步子。

柳芳转过身，发现李守质眼中已溢满了泪水。

“也不知道我们父子今生还能不能见面。”李守质用手背擦了擦眼泪，仰天长叹一声。

世事难料，想不到李守质一语成谶，父子二人再次相见时已是阴阳两隔。李政杰在大浪河张占伯处短暂停留后，投奔了汉中特务头子姜森，参加国民党青年军，他一生命运坎坷，后去了台湾，当上了台湾花莲监狱监狱长。20 世纪 80 年代，他辗转回到广坪，乡音未改而鬓毛已衰。后来，其父李守质陷于李树敏暴乱事件中，不能自拔，于 1950 年被镇压。李政杰追忆往事，在母亲的墓前痛哭流涕。他出资为母亲的墓立了石碑，了却心愿后不久也撒手人寰。

四

汉中地处秦岭和巴山之间，夏天一向凉爽，但民国 37 年（1948 年）的夏天却格外炎热，热得人汗流浃背，烦躁不安。

汉中国民党十八绥靖区司令曹日辉却是戎装在身，穿戴得整整齐齐，连风纪扣都扣得严严实实。此时的酷暑却不能抵消他内心的寒冷，国民党的统治已处于风雨飘摇之中，东北局势吃紧，号称固若金汤的巴山防线也已是朝不保夕。曹日辉多年的行伍生涯，早已将战局了然于胸。前不久，胡宗南秘密召见曹日辉，多次提出汉中战略位置之险要，凭着秦岭的天然屏障用来防守，可起到事半功倍之效。要他笼络好地方武装，特别是宁西一带，地势险峻，山高林密，是坚守反攻的好地方。

曹日辉正在等待一位特殊的客人。

一位身材高大的老者，满头银发，一身藏青的绸缎长衫，牵着一头半人高的大狼狗来到十八绥靖区司令部门口。

"姜司令。"曹日辉接到卫兵的报告，快步走到老人面前，敬了个标准的军礼。

"免了免了，都是老熟人了。"来者便是陕西最大的特务头子、国民党陕甘川救国军司令姜森。

曹日辉的司令部设在汉台，《史记》中记载，公元前 206 年鸿门宴后，刘邦被项羽分封为汉王，带领部下从子午道来到汉中，将行宫修筑在汉中东南角，分三层用土垒成高台。

两千多年过去了，汉台保存完好，虽经历朝修缮，但还是保存了当初的风貌。汉台上古木参天，登上始建于宋朝的望江楼，远眺三千里汉江，令人不由得精神一振。

姜森与曹日辉信步走向司令部。望着参天古树，姜森说："刘邦率众在汉中仅仅停留了短短四个月，却发生了好多载入史册的大事件。首先是萧何月下追韩信。韩信在刘邦处不受重用，不辞而别，经栈道独骑北上。萧何焦急万分，星夜疾驰去追，巧的是当晚寒溪夜涨，道路受阻，萧何才在汉中留坝县马道镇北侧的凤凰山下追到并力劝韩信，此后才会有汉中历史上最辉煌的大事件——刘邦设坛拜韩信为大将。"

"蒋先生拜你为汉中的司令，你就好比韩信。"

"姜司令言重了，区区曹某怎能和淮阴侯韩信相比？一切还要仰仗姜司令。"

姜森长叹了一口气："留此一抔土，犹是汉家基。党国现在已是风雨飘摇，胡宗南司令长官打算在不得已的情况下放弃西安，以秦岭山脉为天然屏障，组织百万大军抗击共军，实在顶不住就退居陕甘川交界处的大山里，组织百万救国军去打游击，再次就退到缅甸，再图东山再起。"

"宁西？"曹日辉头脑中电光火石般闪了一下。

"老弟真是个杰出的人才，难怪胡长官如此赏识你。宁西地理位置特殊，历来是三不管的地方，地势险要，山高林密，是大西北通往大西南的咽喉要地，向来就是兵家必争之地。我这次来，就是要你去组织宁西的武装力量，千万不能在关键时刻倒向共党。如果断了我们的退路，性命堪忧啊。”

“姜司令，我们想到一块去了，我早就派人去和宁西的武装力量接洽，这帮人精个个都不简单，没有一个是好对付的。”

曹日辉与魏富堂是旧相识，民国24年（1935年），国民党军为了堵截长征的红军，胡宗南部路过青木川时，魏富堂鸣炮欢迎，特邀胡宗南到家中做客，盛情款待。酒席上，魏富堂敬酒，胡宗南要魏富堂先喝第一杯，以示尊重。胡极力称赞魏富堂维持地方治安的功劳，并奖给他大量枪支。当时的曹日辉是副旅长，与魏富堂也交好，算是故人。

在曹日辉的力邀之下，生性多疑的魏富堂磨蹭了很长时间，才与阳平关的成连音、燕子砭的王文轩，以及广坪的李成蹊一道抵达大安镇。而此时的柳芳已经在广坪呼风唤雨，李树敏更是对她言听计从。姜森对控制广坪这支武装力量早就胸有成竹，所以李树敏去不去汉中对姜森和曹日辉影响都不大。

曹日辉用专车将魏富堂一行接至汉中，并举行了盛大的欢迎宴会。

“魏大队长威震边区，深孚众望。目前形势，风雨飘摇，国家正是多事之秋，如能共体时艰，出山相助，党国幸甚!”

魏富堂急忙道：“魏某虽出身草莽，初知大义，且闻国家兴亡，匹夫有责，如蒙司令官抬爱，当竭尽犬马，力图报效。”

曹日辉见魏富堂表态很干脆，十分高兴：“大队长爱国卫民之心溢于言表，陕南是桑梓之地，愿同心协力共保安全。其功在党国，名垂乡邦！”

魏富堂做感激涕零状：“司令官过分嘉奖，感愧殊深。想当年司令官驻防碧口，敝人已经听命于麾下，今夏秉旄上峰，坐镇陕南，元戎旧部，言听计从，军机谐和，我当谨率乡里子弟，恪遵符命，以报党国。”

魏富堂在宁西的武装力量中是最强的，枪多人众，青木川的地理位置又极其险要。成连音、王文轩见魏富堂和曹日辉是老相识，又是如此谦卑，都纷纷表态，愿意接受任命和整编。在随后的会议上，成连音、王文轩、李树敏各编一个支队，自行分管；而魏富堂所部则改编为“宁西人民自卫总队”，独树一帜。四支队伍各自独立，互不统辖，都受汉中绥靖区直接指挥。

曹日辉出手很大方，给四支民团武装都赠送了数量不等的枪支弹药，独给魏富堂四挺捷克式机枪和几箱子弹。曹日辉单独和魏富堂说：“你要编够一个团，不够的枪支弹药和军装都由绥靖区来解决。”

“好说好说，我这次来还有件私事，要请曹司令相助。”

青木川紧挨着四川，大家都懂川戏，爱吼两句川腔，魏富堂和魏老二小时候跟着四川的打鼓匠学唱“打围鼓”，后来掌了权，就不屑于玩这些玩意儿了，但从小培养的兴趣倒是浓烈得很。魏富堂种大烟，发了大财，心里又痒痒起来，派手下带了大量烟土在广元销售后，携带巨款去成都拜访魏富堂的老朋友——成都市头号红帮大爷龙头舵把子徐子昌，在其帮助下，花费几万银圆，置办了全套时兴精美的戏剧演出服装道具，放在辅仁中学。每逢节假日，自卫队、辅仁中学都要进行演出。龙灯、狮子、社火、高跷，都用戏服表演。辅仁中学举办庆典时，演出了很多节目，魏富堂的两个女儿也粉墨登台上演了《探窑》《访友》两个传统剧目。方圆几百里就都传开了，青木川有好戏箱子和好学校，这些都是魏富堂的功劳。

周边碧口、阳坝、姚渡来了许多学生报考辅仁中学，后来越传越远，来青木川成了一种风气、一种时尚。汉中的老师也慕其名，不辞辛劳，远道来青木川执教。汉中天汉剧团的几个台柱子也来到青木川演戏后，魏富堂索性成立了辅仁剧社，戏演得更加红火。

人怕出名猪怕壮，辅仁剧社的名气太大了，方圆几百里都听说魏富堂有个宝——戏箱。汉中保安团长陆二强也是个地地道道的戏迷，在汉中开了个“天汉学社”秦腔剧院。耳闻魏富堂巨资购置的戏箱，就写信向其借戏箱，并让宁强保安大队长出面交涉。

魏富堂接到信件后，倒吸一口冷气。陆二强黑白通吃，大名鼎鼎，在汉中权势熏天。自己在大山深处苦心经营青木川，与陆二强素无瓜葛，但随着青木川的富庶，已经是名声在外，汉中这条路一定是要打开的，但这个戏箱确实是自己的宝贝，实在是舍不得出借。思来想去好几天，两者相权，忍痛割爱，同意将戏箱外借。他吩咐魏老大带了两名保镖，除戏箱外，还带了些值钱的山货一并送去。戏箱一送走，辅仁剧社虽然仍在演戏，但因缺少服装道具，戏的质量就大打折扣，戏迷魏富堂心里很不是滋味。

陆二强在白河战役中被解放军击毙，魏富堂听到这个消息后，心眼儿开始活动起来，就想要回戏箱。魏富堂还是派魏老大去要，但陆二强的女人一口咬定，是魏富堂送给陆二强的。魏老大再三强调并非赠送，还拿出借据。但陆二强的女人撒泼耍赖，大哭大闹，说魏老大欺负她们孤儿寡母，左右街坊邻居都来声援，弄得魏老大是毫无办法。

魏富堂对成立宁西自卫总队没多大兴趣，但戏箱这个事却是一直萦绕在心头。他看到时机合适，就将其当个重要的条件委婉地向曹日辉提出来。

曹日辉听完后哈哈大笑："多大的事情？不就是个破戏服吗？你老兄富可敌国，还跟一个妇道人家计较几件破衣服！"笑得魏富堂面红耳赤。

"曹司令，你可不知演戏的奥妙，唱念做打，一出好戏没有个好戏服会减色不少，而且这种好戏服再想去收齐，可是难上加难。要不要我现在唱一段？"魏富堂张口就来了一段川剧。

曹日辉看到一个壮汉扭扭捏捏地学女人唱戏，哭笑不得："这容易，陆二强的小舅子就在我的司令部，我让他回去做做他姐姐的工作，不就是几件破戏服吗？"

曹日辉说到做到，将戏箱从天汉剧院要了回来，并派专车将魏富堂和戏箱一同送回宁西。一路上，魏富堂紧紧抱住戏箱，就怕失而复得的宝贝再次被掳走。汽车一停，魏富堂立刻将戏箱打开来，发现竟少了几件最上等的戏服，心痛不已。不过回头想想，人生不就是一出戏吗？穿什么戏服就是什么角色，能将戏箱要回来就不错了，再加上曹日辉这次还将他作为贵宾款待。结交达官贵人，以往都是卑躬屈膝，送钱送烟土送山货，哪有这次如此受重视？突然间，魏富堂觉得自己就是曹日辉所说的党国在宁西的栋梁，是能挽救党国命运、叱咤风云的大英雄。等到了青木川地界上，魏富堂意外地发现，手下的人已经穿着整齐的部队军装在鸣炮欢迎他归来了。

魏富堂心中纳闷，青木川的人怎么会知道他的归期呢？尤其是那些手下，个个军服光鲜，胸章符号一应俱全，一律都标上了蓝底白字的“宁西”符号。其实早在他离开青木川去汉中时，汉中十八绥靖区就派了个名叫边光喜的参谋去将魏富堂的队伍整编，进行军事思想教育和正规化军事作战训练。

魏富堂回到青木川，板凳还没焐热，就在汉中十八绥靖区人员的催促下开始扩充队伍，将青木川、玉泉坝、金山寺的人枪集中在一起，按国民党一个团的正规编制，上设总队队部，下设三个大队，九个中队，二十七个分队，每个分队由三十人编成，长短枪三四百支。为了达到曹日辉要求的人数，他还把农民、商贩、手艺人、有文化的社会青年、无业游散人员，甚至连辅仁中学的学生也搜罗进他的“宁西人民自卫总队”安排使用，设立关卡哨站，授权边光喜全权负责部队的训练，制定出一套严格的训练纪律，要求官兵执行。边光喜是个做事很认真的人，参加过八年抗战，打了许多大仗，训练部队一丝不苟，早操午课、射击规范、野外作战演习等全部按照国民党正规军的作战技术要领来做。

这一切，刘加三都看在眼里，因此产生了深深的忧虑。这一千多号人要是成为训练有素的部队，加之对周围地形又熟悉，如果依靠大山的险峻地形，战斗力不容小觑。这还只是魏富堂一支武装，还有阳平关的成连音、燕子砭的王文轩、广坪的李树敏兄弟六人，要是他们联合起来在宁西兴风作浪，解放军从这咽喉要地通过时该会有多大牺牲？新政权能顺顺当当地建立起来吗？正在沉思的刘加三看到数月未见的魏富堂从远处走来，春风得意，手上掂着几根从曹日辉那里领来的金条。

青木川成立“宁西人民自卫总队”的消息不胫而走，周边各地通报情况、消息的人马飞驰，应接不暇。汉中、宁强和相邻的地方头面人物前来拜访套关系的络绎不绝，更有一些自动入伙的绿林豪强，青木川的声望一时大振。

“刘校长，从汉中回来，各路人马来拜访，我还没来得及去看你。你看我如今钱也有了，权也有了，等到曹司令将枪发下来，可以说是人马齐备，平生之愿足矣！”

“魏老爷，我也正好要找你，你看边光喜把我们辅仁中学作为训练场所，全部人马都驻扎在学校的大礼堂、楼上和洋房内。把我们的学生也抓去训练，学校被折腾得人仰马翻，根本不能正常上课。”

魏富堂正在兴头上，想跟刘加三吹嘘一下，却被刘加三当头泼了一盆冷水，他睁着一双大眼睛盯着刘加三。

“魏老爷，曹日辉给你发枪发饷，训练部队，我看不是什么好事！”

魏富堂这两天听到的都是歌功颂德的话，突然听到不同的声音，心里挺不舒服，脸上露出不悦之色。但他一向对刘加三尊重有加，虽然心里不痛快，但语言中还是很客气：“我倒看不出什么不利的地方。”

“你想啊，那曹日辉在汉中，说远也不远，说近也不近，曹司令和你相识也有十来年了，为什么最近才来送枪，训练部队，还要你拉千人的部队？”

“这有什么？他对我们支持是好事。”

“魏老爷，你别忘了，现在国共两军交战，战事吃紧，你跟共产党无冤无仇，我怕你被人利用，当了炮灰。”

一语惊醒梦中人，魏富堂说：“我跟共产党确实无冤无仇，十几年前，红军路经青木川，我还送过盘缠。”

“魏老爷，我们毕竟是民团，是保护地方的，不是正规军，没必要去跟人家打打杀杀。我们青木川本身人就少，你说把这么多人集中在一起训练，不去种地、做工，那得需要多大的开支？连学生都抓进来了，他曹日辉能给这么多的粮饷吗？”刘加三长长地叹了一口气。

魏富堂一听刘加三的分析，来回踱了几步，心中就起了波澜。刘加三讲的确实有道理，自从边光喜来到青木川训练部队，就将青木川弄得鸡飞狗跳、民怨沸腾，魏富堂看在眼里，也听到不少人颇有微词。

“那你的意思是曹日辉要把我们当炮灰?”他问。

刘加三长时间没说话，面无表情，没点头也没摇头。

还是魏富堂打破了沉默，忧心忡忡地问道：“也不知道外面战事如何?”

刘加三考虑了很长时间，对魏富堂说：“魏老爷，今天有位朋友从外地远道而来，此人可是大名鼎鼎，你可愿一见?”

魏富堂听罢，立刻摆了摆手：“刘校长说的人肯定不是一般的角色。不过，今天国民党有位重要人士来了，晚上我们大队长以上的都要在辅仁中学和这位重要人士开会，以后再说吧。”说罢，魏富堂扬长而去。

此时的刘加三心中不知百转千回了多少次，争取魏富堂是党组织交给他的最重要的任务，黎民党带来了党组织的最新指示。如果刘加三说出黎民党的名字，魏富堂会有什么反应？那个国民党的重要人物又是谁，此时来青木川是何居心？刘加三原本打算将中共地下党员黎民党介绍给魏富堂，但魏富堂却一口回绝，这令他非常意外。

黎民党是宁强最具传奇的人物。早在1925年时，年方二十岁的黎民党就在冯玉祥的十六军团当营长。随后，他去西安军事政治学院、西北军官学校学习，不到三十岁，就担任了西北军的旅长、师参谋长、潼关警备司令部参谋长等职，在西北军中有很高的威望，也是宁强走出去的为数不多的重要人物之一，在宁强本地大名鼎鼎。黎民党较早地接触到中共组织，并被发展为中共地下党员。汉中解放前夕，考虑到黎民党是宁强本地人，受党组织委派，由成都回宁强实施策反计划。他回来后即与中共地下党员刘加三取得联系。此次，辗转来到青木川的目的，就是利用自己的声望来影响魏富堂的决策。他们心情焦急，黎民觉在刘加三的房间里走个不停。刘加三的房间隔壁就是辅仁中学的会议室，夜晚，倚山而建的辅仁中学空旷静谧，山中秋虫的呢喃声声入耳。

一阵急促的脚步声由远及近，随着人声越来越大，偶尔还夹杂着几声狗叫，从辅仁中学宽敞气派的校门口走进一群人，为首的魏富堂陪着一个身材高大的老者，满头银发，手中牵着一条纯种大狼狗。黎民觉拨开窗帘，看到走在最前面的人物，心里一惊：姜森，这个在西安都赫赫有名的特务头子来到青木川可不是什么好事。

一群人在辅仁中学的门口停了下来，魏富堂指着校门说："辅仁中学的校门做成笔架形状，学校背靠龙池山，面朝笔架山，不出武官出文官，打打杀杀的，青木川不在行。"

姜森站在建于半山上的辅仁中学校门前，俯瞰全镇，镇中南北走向的回龙场老街依旧灯火通明，往来商贾络绎不绝，那座三层雕花的精美中式建筑——荣盛魁门前更是热闹非凡。魏富堂刚刚在那里以最高等级接待了姜森一行人。荣盛魁有三层，为往来青木川的客人提供接待，层级越高，接待档次也越高。紧靠荣盛魁的船形建筑门前，挂着数不清的灯笼，照得门前亮如白昼，与荣盛魁门前红色幽暗的灯笼形成了强烈的反差，更衬托出荣盛魁的神秘。

整个青木川位于大山之中，似乎是世外桃源，与世隔绝，一片祥和，根本感受不到中原的战火纷飞。姜森长叹一声，联想到战场上党国军队的节节败退，有点出神。

魏富堂见姜森看着回龙场老街的两个标志性建筑发愣，得意地指着那个船形的建筑说："那是旱船坊，是我们青木川最大的也是唯一的烟馆。旱船坊依山而建，我称它为半壁江山。不过我们青木川本地人一律严禁吸食大烟，不准踏进去半步，只对过往商贾开放。"

"半壁江山，好个半壁江山，党国的江山风雨飘摇，这里却仍是灯红酒绿，往来宾客不绝，商女不知亡国恨，隔江犹唱后庭花。我早就听说这里是陕甘川三省最大的烟土集散地，今天一见，果不其然。"

魏富堂很得意，但是徐种德在身后听出了姜森话语中的弦外之音。

"姜司令，我们青木川辅仁中学背靠龙池山，面朝笔架山，不出武官出文官。要打打杀杀的，我们青木川真不在行。"徐种德重复着刚才魏富堂说过的话。

姜森回头瞪了一眼徐种德，问魏富堂："他是谁？"

"我来介绍，种德是我的少校参谋主任，他是整个青木川学历最高的，从四川大学回来。您知道，在青木川，凡是年满七岁的孩子必须来辅仁中学上学，否则家长就要受到责罚。我还资助了十几个年轻人去四川大学上学，前几年因为用人，我写信让他们回来帮助我，可是只有种德一个人回来了。"

"原来种德是从四川大学回来的，失敬失敬。"

“姜司令，您太客气了，种德是年轻人，还要靠司令多栽培。”魏富堂领着姜森一行人走进辅仁中学的会议室，也就是刘加三和黎民党所在房间的隔壁。

刘加三见人群走来，匆匆吹灭了洋油灯。

黑暗中，黎民党和刘加三先是听到隔壁一片掌声响起，随后是魏富堂向宁西自卫总队几个大队长以上的人物介绍姜森和他的一行。接着，姜森的参谋王奎吾讲话，他分析了形势，讲共产党“共产共妻”，专杀富人，到宁西来大家都没好日子过。宁西自卫队是党国栋梁，要团结起来，齐心协力，剿灭共党。说了一大通，旁人听了昏昏欲睡。

轮到姜森讲话，他的话不多，不过提出了两条实质性的建议：一是将宁西人民自卫总队改成“忠义救国军”，二是留下一部电台便于联络。

一会儿，刘加三就听到一个熟悉的女人的声音在演示电台操作，他一时想不起来是谁，脑海中这个女人的声音这么熟悉，就是想不起来。黎民党看到刘加三冥思苦想，也没有打扰，而是继续听下去。

魏富堂清了清嗓子，说道：“自卫队是上面管，忠义救国军也是上面管，名称番号是闲的，人和枪支弹药才是真的，番号改不改，作用不大；至于电台嘛，我们不留，没人会使，留下就是块铁疙瘩，还要人保管，是件麻烦事情，也请你们带走。”

听到魏富堂的表态，姜森的脸色很难看，为缓和关系，他说："我想在这里开坛收两个青帮徒弟，种德我很满意……"

魏富堂打断了他的话："咱们山里人，只晓得嗨袍哥，认叫大爷，都不懂青帮是啥，待到明儿下了山，谁要参加让他们来找你们。种德就算了，还是让他安心当我的少校参谋主任吧。"

姜森的脸色更难看了，但他老奸巨猾，为了笼络魏富堂，当面不便发作，于是打了个哈哈，会议就算结束了。他招呼了一声："柳芳，将电台收起来。"

刘加三在隔壁听到姜森喊柳芳的名字，心里顿时通明，但又迅疾产生了疑问：李树敏的小老婆怎么会跟姜森搞到一块儿？居然连电台这样高难度的事情都能操作。

等到魏富堂领着姜森一行下山后，刘加三跟黎民觉说起了这个疑问。

"这个柳芳肯定不是一般人，一个能操作电台的特务怎么可能委身李树敏这个乡巴佬呢？"黎民觉说。

"我也觉得奇怪，这里面肯定有问题，直觉她可能会对我们不利。我再详细调查，真盼望大军早日打到汉中和宁强。这是一份青木川的军事布置地图和宁西自卫大队的人员花名册及武器配备情况，你带回交给党组织。"刘加三说。

五

1936 年陕南的深秋，凄风冷雨。中国工农红军某师政治部主任兼十七团团长刘型躺在担架上已经三天没有进食了。刘型睁开眼，山林中浓雾弥漫，抬着担架的两名战士高一脚低一脚地在泥泞的山路上艰难行走。不远处的山地上出现了一座山民守望庄稼的窝棚，一直伴随在刘型左右、两天前刚被任命为游击队长的段远鹏招呼战友们到窝棚里避避雨。

“段远鹏，你把我放在这儿吧，你带着队伍继续走。”刘型挣扎着摸出一把手枪递给段远鹏，叮嘱道，“留得青山在，不怕没柴烧，一定要保存实力，千万不要鲁莽行事，别和敌人硬拼，无论如何，要想方设法把部队活着带出去！”

段远鹏知道刘型的想法，他是不想拖累大家，看着眼前患着严重伤寒奄奄一息的刘型，突然间觉得眼前一片模糊，哽咽着说：“团长，我们就是背着你，也要一起出去。”

“段远鹏，这是命令。你就把我放在这儿，不要再拖累大家。”刘型虽在重病之中，可目光依旧犀利，看得段远鹏心中直打战。

“记住我给你下的命令，再重复一遍！”刘型死死地盯着段远鹏。

“只要远鹏有一口气在，就一定会带着队伍赶上大部队……”

后有追兵，段远鹏万般无奈之下，将处在弥留之际的刘型留在窝棚，噙着眼泪消失在密林深处。

红军长征到达甘肃西固哈达铺，某师三个团进入陇南地区，十七团则由刘型带着在宁羌县城和陕甘交界的窑坪活动。刘型发动群众建立苏维埃政权，打土豪分田地。时间不长，国民党某部第三十五混成旅就对刘型部疯狂围追堵截，刘型部伤亡惨重，且与红军大部队失去了联系。而此时的城镇川坝均为敌军所控制，刘型只好率部退入深山密林中活动，几次试图冲关都失败了。山林里条件艰苦，战士们刚刚经过长征，身心疲惫，补给又极端匮乏，不论官兵均没有过冬的衣服，没有鞋袜，只能用棕片、草鞋裹脚，而最关键的是没有吃的，深山老林中即使能挖到点野菜也不敢生火，怕炊烟升起引来国民党的追兵。部队经过多次战斗，队伍已经被打散，到最后，跟着刘型的只剩下警卫员吴友奇和排长苏绪。

段远鹏步履蹒跚地在山路上行走，脸上不知是雨水，还是泪水。段远鹏走不上两步就回头朝山地的窝棚看去……

不久之前，段远鹏还是个山大王。

他在湖南老家因打抱不平，出手打死了一个欺男霸女的保安团长，带着夺来的一支勃朗宁手枪，就流浪至此。宁羌山连着山，人口稀少，物产倒也丰富，段远鹏起初也不想占山为王，一个人背井离乡，来到宁羌以后，看这儿山青水秀，渐渐地喜欢上这里，就在山间的破庙里安顿下来，日子过得倒也自在。段远鹏武艺好，为人又大方，渐渐聚集了几个年龄相仿的外乡贫苦兄弟，靠打家劫舍混日子。不过，段远鹏跟一般的山大王不同，他本是穷苦出身，对手下严加管束，从不欺负普通百姓，除了向富户“借”点粮，平常就在山中打猎，日子倒也过得自由自在。要不是碰上刘型，段远鹏可能还是个占山为王被官府追剿的“土匪”。

刘型、苏绪、吴友奇三人在大山里转来转去，恰恰就走到了段远鹏的地盘。刘型看着一群人拿着猎户用的家伙什围着自己，不由得哈哈大笑，笑得段远鹏摸不着头脑。警卫员吴友奇想掏枪，被刘型一把按住。

段远鹏紧紧盯着衣衫褴褛的刘型三人，问："你们到这儿想干什么?"

"这位兄弟，我们是工农红军，途经这儿，借点粮食，请行个方便!"刘型拱了拱手。

"红军，我怎么没听说过?"段远鹏疑心重重，"就你们仨?"

"我们红军是穷人的部队，为老百姓谋幸福的。"刘型向段远鹏解释，"我的部队被敌兵打散了，但是大部队还在，我们在寻找大部队。"

段远鹏看着面前瘦弱的刘型："我俩交交手，赢了我，好说!输了，请你们马上离开!"

刘型笑了笑："一言为定!"

吴友奇一步跨到刘型前面："我来吧!"

刘型冲吴友奇摆摆手："我来!"

段远鹏大大低估了刘型的实力，行家一出手，便知有没有，三招之内就被刘型打倒在地。段远鹏不服气，第二次向刘型冲去，这次更惨，刘型只用了一招，就将段远鹏制伏。

段远鹏对刘型佩服得五体投地，心悦诚服地将刘型三人引到山间的破庙里。在破庙休整的日子里，刘型给他讲了很多革命道理。段远鹏豁然开朗，下决心带领愿意参加红军的十多个外乡弟兄跟着刘型干革命。刘型用撤退时藏在山里的一批短枪、弹药把段远鹏的人马武装起来，组建了宁羌游击队，在深山密林中和敌人周旋。几个月来，刘型发现段远鹏智勇双全，确实是个可造之材，而且经受了各种考验，于是火线介绍他加入党组织。两天前，深知自己已病入膏肓的刘型任命段远鹏为游击队队长，苏绪为副队长……

离开了刘型，段远鹏心里空荡荡的，饥饿和寒冷一阵阵袭来，他感到从没有过的绝望和茫然。大部队已失去了联系，清剿的敌人像瘟疫一样紧随着他们。偏偏在这个最迷茫的时刻，他们又失去了主心骨刘型。队伍在山林中游走，前程茫茫，不知要去何方。

傍晚时分，段远鹏带着队伍悄悄摸到山下的村口，在半山腰一家屋子前，段远鹏停下来，使了个眼色，吴友奇快步上前，轻轻敲了敲门。两扇破旧的木门开了个小缝，一个瘦脑袋的山民从门缝中探出头来，看着门外一帮衣衫褴褛的人，急忙要把门关上，吴友奇只能飞身将门撞开。

山民边喊边往里跑："儿子，有棒客，有土匪……"话音未落，吴友奇追上前，将山民的嘴捂上。这时，一个十四五岁的男孩提着棍子从房间里冲出来，而段远鹏恰好带人走进院子，迎面就挨了少年一棍子。段远鹏疼得"哎哟"一声，但还是挤出笑容，压低声音，和缓地对少年和山民说："我们是工农红军，穷人的部队，现在遇到了困难，还请老乡帮帮忙，你们别害怕。"

吴友奇将捂住山民嘴巴的手松开。父子二人望着面前十来个狼狈不堪的汉子，将信将疑。

“老乡，我们已经三天没吃饭了，您能不能借我们点粮食？”

那个中年山民迟疑了半天，说：“我们山里人遇到讨饭的都会给口饭吃，可你们这么多人，我们本身粮食也不多啊！”

段远鹏看出山民的担忧，说：“老乡，您放心，我们不会抢您任何东西的。我们有纪律，不拿老百姓的一针一线。我们就吃您一顿饭，吃饱了马上就走。”

山民还是非常疑惑，但事已至此，只得吩咐儿子：“山娃子，生火烧饭。”吴友奇机警地陪着父子二人去厨房烧饭，段远鹏和其他战友则都挤坐在院子里的石板上歇息。

秋雨绵绵，丝毫没有停顿的意思。

山民望着院子里的这群面黄肌瘦的年轻人，不忍地叹了口气。在堂屋里生了个炭火盆，请段远鹏一行去烤烤衣服。

“喝碗热茶吧？”山民试探着问段远鹏。

段远鹏回头看看身旁浑身湿漉漉的战友，点了点头。

不一会儿，山民取出了几个土碗和一盆热气腾腾的液体，给每人倒了一碗。

段远鹏喝了一口，甜蜜蜜的，却很有劲道，只觉得浑身舒坦，一股暖流流遍全身。

“这是酒？”

山民笑了笑：“这是我们山里特有的苞谷酒，再加上土蜂蜜，来了客人，无论男女老少，不是敬茶，而是先敬一碗酒。”

一碗酒下肚，段远鹏苍白的脸色迅速红润了。他从口袋里抽出纸笔，工工整整地写了一张借条：“今借粮食十斤。红军游击队队长段远鹏。”写完后，段远鹏站起来向山民认认真真地敬了个礼，双手将借条递给山民。

“你这是干什么？”段远鹏的举动令山民疑惑不解。

段远鹏把借条读了一遍。

“我不认识字，也不要你的借条。饭熟了，你们吃饱了就走吧。”

“老乡，这是我们的纪律，你把借条收好，有朝一日我们会还的！另外，我想问一句，这附近是什么地方？我们是外乡人，这边不熟。”

“要说这周边，你算问对人了，我家世世代代都住在这儿。我们这儿叫牛圈坪，在陕甘交界处，向北是两河口街；东南是阳平关，阳平关就靠在嘉陵江边上，这两天雨大，洪水涨得厉害，过不去；向东就是大巴山，直达湖北地界。”

“那我们怎么才能从牛圈坪出去？”

“根本出不去，嘉陵江洪水暴涨，渡口已经停了。出山的川坝关口有好多官兵守着，出去都要民团开的路条。”

段远鹏的脸色顿时暗了下来，学着刘型的口吻说：“开个会！”他望着战友们，长长地叹了口气：“大家都坐下来吧。”

一群战友围着炭火盆坐下，连续的风餐露宿，每个人都非常疲惫，一碗热苞谷酒下去，稍稍填饱肚子后，连站起来的欲望都没有。

段远鹏说："刘团长托付我，一定要将大家带出包围圈，找到大部队，现在敌人四面封锁，包围圈越来越小，下一步怎么办，大家说说。"段远鹏温润的目光从战友们的脸上一个又一个扫过去，屋内死一般寂静，能听到屋外凄风冷雨肆虐的声音。

"大家不说话，那我说说。咱们既然下决心闹革命，就是为老百姓谋幸福。你们愿意回去的，我不强留，今晚我们就此别过；不走的，我们过了陕甘川这道坎儿去找大部队。"

段远鹏话音未落，堂屋虚掩的门就被踢开了，随即冲进来一个五短身材的中年男子："山娃子，你们家今天怎么这么多人?"

吴友奇就坐在门口，离这个不速之客最近，一抬手攥住来人的手腕。来人迅速翻腕，随即另一只胳膊反压下来。吴友奇大吃一惊，看来人其貌不扬，哪知道使的却是正宗罗汉十八式小擒拿。吴友奇想摆脱劣势，急忙膝盖上顶。那人哪容吴友奇摆脱，一侧身，双手使劲，一招就将吴友奇制住。

段远鹏大惊失色，要知道吴友奇是他们之中身手最好的，不承想在大山里的蛮荒之地被人家一招制住。几个战友不约而同地拔出短枪。

"枪都收起来!"段远鹏冷静地上前跟来人说，"这位老乡，我们是红军游击队，路过贵地，讨口饭吃。等衣服烘干了，我们就离开。我们绝不会伤害老百姓，放开我这位兄弟吧!"

山娃子的爹正在厨房里收拾，听到动静，三步并作两步来到堂屋，说："马保长，快放手，他们是好人。"

马保长松开手，将吴友奇使劲一推，推到段远鹏怀里，恶声恶气地说："你们还敢说自己是红军游击队，现在各个关卡都有国民党的重兵把守，就差挨家挨户去查了。"

段远鹏上前两步，向马保长抱了抱拳："保长，我们兄弟一行落难至此，还望您能给我们指条明路，让我们渡过难关！事成之后，定当重谢。"

马保长一屁股挤坐在炭火盆旁边，手挥个不停："算了算了，不说废话，你们现在自身都难保，鬼门关能不能冲过去还说不定，还能重谢什么！唉，让我想想。"

马保长在炭火盆旁沉思良久，不停地手舞足蹈却默不作声。突然间站了起来，他大喊一声："有了！我看到你们有不少枪，而且都是短枪。"

段远鹏和战友们看着激动异常的马保长，面面相觑。

"阳平关的保安队长成连音是个狠角色，武功很好，但讲义气，也有江湖豪杰去投奔他的。你们要是能找到他，对了路，说不定就能拿到路条，护送你们出关，从嘉陵江码头坐船入川。"

"谁能保证成连音一定会帮我们?"吴友奇一边揉胳膊，一边翻白眼。

"成连音喜欢结交朋友，也喜欢枪，尤其是短枪。你们有这么多条枪，拿出几支给他，我相信肯定能成。还有，你们就说是被抓了壮丁的川军，逃出来的，想换点回家的路费。"

段远鹏和苏绪交换了一下眼色，互相点了点头。在这种山穷水尽的极端情况下，他们也只能相信马保长一回了。

“保长，你带我们去见成连音，要是能让兄弟们跳出关卡，我们再感谢您。”段远鹏说。

马保长翻了翻白眼：“你们现在连饭都上顿不接下顿，拿什么感谢我？我们羌族人心肠好，看你们也不是恶徒，能帮就帮你们一把，但是想去阳平关，暂时还不可能。”

山娃子的爹在旁插话说：“这里去阳平关还有好几个关卡，都有兵丁把守，没有路条，你们恐怕没到阳平关就被灭掉了。”

段远鹏刚刚升起来的一点希望就被残忍地扼杀了。

马保长望着一脸失落的段远鹏，沉思片刻后说：“我们可以先试试去找成贵玺，他是这儿赵家河的民团队长，也是成连音的远房侄子，通过他再去找成连音。嗨，不过，成贵玺的为人嘛……这个不说也罢。”

六

段远鹏见到成贵玺的第一眼就发现马保长没有骗他，成贵玺确实不厚道。

“川军兄弟，有多少支枪统统交出来。要回家的，我每人发十块银圆，送你们去阳平关成连音那儿打路条。不愿意回去的，就住在我的赵家河，给我料理山下的那几十亩地。”成贵玺说这话的时候，还斜躺在宽大的贵妃榻上，刚刚开了一个烟灯。一个烟泡子下去神清气爽，他从头到脚的每一个毛孔都透着舒服。

“成队长，我们就只有六支撸子，四支盒子炮。兄弟们逃出来，想换点回家的盘缠，还麻烦您给我们开个路条，送我们出关。”

“好说，好说。先把家伙拿出来验验。”

成贵玺将烟枪在鞋帮上敲了敲，看到几支乌黑闪亮的勃朗宁和毛瑟驳壳枪，眼珠子都快蹦出来了。他拿起枪打开保险，又拉了拉枪栓，每支都试了几遍，非常满意。

“兄弟，就只有十把枪?”

“不敢欺骗成队长，就只有这么多。”段远鹏来见成贵玺时，留了个心眼，吩咐吴友奇把剩下的十多支好枪和大部分弹药都藏了起来，自己则带着几个战友跟着马保长来到成贵玺的民团。

“来人，都给我绑起来!”门外一下子冲进来十几个彪形大汉，将段远鹏一行人团团围住。

“成队长，您这是要干什么?”

“干什么，你当老子傻啊！你这个口音是川军的吗？我看你八成是红军，是共产党。对了，把马保长也抓起来，这个龟儿子，竟敢把共产党带到老子这儿来。”

“成队长，这帮兄弟确实是川军……退一步说，就算是红军，他跟我们无冤无仇，你抓人家干啥子？你这样做，不怕寒了朋友的心吗?”

“少废话，统统抓起来。”

段远鹏被五花大绑，就好像一盆冷水从头浇到脚。他与身旁的战友对望了一眼，心中泛起了一个念头，好像还有一线希望。

来之前，为以防万一，他让副队长苏绪和吴友奇带着三个战友还留在山娃子家。

成贵玺是个聪明人，他清楚地知道自己的赵家河处在一个什么位置。陕甘川三省交界的地方，各种势力犬牙交错，民团、土匪、官军各霸一方。官军就不说了，来去不定；可民团和土匪大大小小就不下数十支。就说民团吧，阳平关地势险峻，民团队长成连音虽然是自己的远房亲戚，可两人一直面和心不和。青木川的魏富堂势力最大，他仗着青木川毗连陕甘川三省，地势复杂，环境特殊，经营得风生水起。再想想广坪的那六条狼，也是让人不寒而栗，李树敏兄弟六人的狠毒更是常人无法想象。

这十把枪无异于一笔横财，哪家民团不眼红？自己苦心经营，好不容易才弄了四支汉阳造，整个民团的全部家当就是这四支汉阳造。天上掉下这么大块儿馅饼，要想独吞恐怕会把天捅个窟窿。成贵玺思来想去，于是叫来自己的义父黄永安。

“义父，你是我最信任的人。我要你连夜赶回阳平关邓家硧，把这四支好枪藏在我的老宅里，千万不要走漏风声。我这儿有好多成连音的耳目，一旦让他知道我得了枪，肯定会上门兴师问罪，到时我就把四支盒子炮和两支撸子跟他对分。”成贵玺紧紧抓住黄永安的手，说：“义父，吃完晚饭就上路，一切顺利的话，天亮前能到，千万小心。”

黄永安不敢怠慢，拿着路条，趁着夜色，将四支枪装进褡裢里，斜挎在肩上，准备了三支火把，高一脚低一脚地走进山间。

一路翻过了好几座山，过了好几个关卡，阳平关就在眼前，东方也露出了鱼肚白，黄永安走了一夜，在半山腰坐下来揉了揉腿，再走几里路就到虎跳涧了。虎跳涧地势险要，两边都是悬崖峭壁，只有一条索道桥，是进出阳平关的必经之路。

黄永安一夜未眠，一坐下，困意顿时涌上来，想着稍微放松下身体，但枪顶着身体生疼。黄永安顿时睡意全消，将褡裢扎牢，腾地一下站起来，三步并作两步地走向虎跳涧。

刚过虎跳涧，他就被一群人围住了。为首的是个熟人，成连音的队副成志杰。成志杰手里提着一支猎枪，两眼通红，一脸疲倦，一看就是在这儿熬了个通宵的。

“黄永安，把东西交出来吧！”

黄永安一听成志杰说这话，就什么都明白了。成贵玺身边不知道有多少成连音的探子。黄永安面如死灰，将褡裢从身上取下，把四支枪递给了成志杰。成志杰一看到手枪，整个人就像被点亮了，一夜未眠的倦怠一扫而光。成志杰打开保险，拉了拉枪栓，就像个孩子得到了渴望已久的玩具一样兴奋得溢于言表。

“就这些？子弹呢？”

“只有这几支，子弹我没看到。我不会骗成队副的。”

“黄永安，咱乡里乡亲，我知道你是阳平关的老实人。成连音队长还有句话要你带给成贵玺，川军兄弟落难来找咱们，待人要厚道，拿了枪就放人走，不要丢了成家人的脸，让江湖朋友小瞧了成家人。我知道成贵玺一向自以为聪明，我劝他还是听听他叔叔的。”

七

成贵玺见到满脸是汗的黄永安时，正在吃饭，一口热面皮刚刚进口，问："事情办妥了?"

黄永安看看成贵玺的左右，欲言又止。成贵玺一口热面皮还没来得及吞下去，鼓着个腮帮子看看左右，挥了挥手，偌大的厅堂里只剩下他们两个人。

黄永安把事情经过详细地告诉了成贵玺。成贵玺听完后，只觉得头上开始冒冷汗。自己的实力只有自己最清楚，赵家河的民团在几个大佬的夹缝间生存，本身就很不容易，随便哪一家想灭自己就像捏死只蚂蚁那么简单。团丁还大都是从阳平关带出来的，好多人跟成连音有着千丝万缕的关系，自己的一举一动，成连音在阳平关恐怕早就了如指掌了，更何况自己还和土匪崔玉龙暗通款曲，偷偷做些打家劫舍的事，哪有不透风的墙，这些事都是上不了台面的。

成贵玺想了一会儿，一拍桌子，大叫一声："有了!"

黄永安吓了一跳。

"义父，恐怕还得麻烦您再跑一趟阳平关。"

"你还想把枪送回去? 再遇到成志杰，还不是羊入虎口?"

"义父，你在这儿稍等会儿，我去去就来。"

不一会儿，成贵玺从内室出来，手里拿着一张纸，墨迹未干，上面写着："叔父钧鉴：因机缘巧合，幸得良枪数支。蒙叔父教诲，早有报效叔父之意，今托义父前来赠枪，区区薄礼，不成敬意，还望叔父笑纳！”

黄永安看得一头雾水。

“义父，你再辛苦一趟，把这封信亲自交给成连音，就说，我早就想给他弄几支好枪，所以才让你送过去的。我晚上跟马保长带来的那几个人喝顿酒……放心，我自有妙计。”

黄永安听得似懂非懂，但既然成贵玺说了，也就只有这么去做。他一边赶山路，一边直嘀咕：这成贵玺葫芦里卖的是什么药？

傍晚时分，成贵玺摆了一桌酒。山野菜、米豆腐、拌凉粉、腊肉，山上打的几只野兔也一起红焖了。他还特意吩咐下去，上了三大坛天麻酒。

团丁把段远鹏、马保长和几个游击队员押进来的时候，成贵玺立刻从椅子上蹦起来，亲自给他们松绑，并不停地说着误会，误会。

段远鹏和战友们对视了一眼，脸上都非常疑惑，再看看马保长，也是丈二和尚摸不着头脑。马保长性子急，大喊一声：“成队长，您这是什么意思？”

“诸位兄弟，先前我成某人多有得罪，今天我略备薄酒，给诸位压压惊，请坐。”

段远鹏被捆的时间长了，身体虽有些僵硬，但脑子还是清醒的。从一开始见到成贵玺，他就觉得此人极不厚道，不知道这个鸿门宴后面又会玩哪一出。山林中东躲西藏，他们几个人还没有好好吃过一顿饭，不管成贵玺要干什么，先填饱肚子再说！于是，他们一口酒，一口菜，吃得风卷残云。

成贵玺等段远鹏几个吃得差不多了，慢悠悠地开口了："红军兄弟，不不不，川军兄弟，明人不说暗话，现在国军到处在找你们，要想入川，得先出阳平关，走嘉陵江水路，或者从青木川走陆路出去，但陆路上各个关卡都有重兵把守，没有路条可出不去。我这儿也不安全，国军随时会来，我给你们指条明路，如何?"

段远鹏此时只有一个念头，就是完成刘型的托付，带着游击队找到大部队。

成贵玺见段远鹏和马保长都不吭声，桌子一拍，说道："我估计成连音这两天就要过来提你们的枪，乱世中枪是个好东西，人人想要。我有个结拜兄弟崔玉龙在苍社木樨庵落草，离这儿也不远，你们先去崔大哥那儿避一避，那六把枪说什么也不能落在成连音手里。"

段远鹏听成贵玺一说，什么都明白了。成贵玺是想拿了枪当土匪，祸害百姓。那个崔玉龙无恶不作，段远鹏落草时就有耳闻。成贵玺竟然和崔玉龙勾结在一起，看来想靠成贵玺跳出包围圈那是万万不可能的了。那几把枪到了成贵玺手上，恐怕也会助纣为虐，成为宁羌百姓的祸害。段远鹏想到这里，杀机顿起，眼中一道寒光射向成贵玺。

"成队长，实不相瞒，我们是军人，不是土匪，想要我们去落草当山大王，说什么我们也不会干的。您要是帮助我们，我们感激不尽；要是为难，我们就此别过。”段远鹏说完站起身来就要走。

“段兄弟，我劝你们暂时忍耐一下，外面的关卡都有重兵把守，你们现在连武器都没了，出去无异死路一条。”马保长强行摁下段远鹏。

马保长心直口快，对成贵玺说：“成队长，你是赵家河的民团队长，要保境安民的，你怎么能和崔玉龙这帮土匪搞在一起呢？”

“你说得对，马保长，我是民团队长，你知道老子这十几号人就只有几条破枪，成连音跟魏富堂早就看我不顺眼了，一直想灭掉我。老子想好了，我有了这几支好枪，就和崔玉龙并作一处，去打家劫舍，啸聚山林，不也快活？马保长，你身手这么好，跟着我干，我保你吃香的喝辣的。段兄弟，你们这几号人也一样，跟着我去落草，我绝亏待不了你们。”

“我看看是谁要去打家劫舍、落草为寇呀？”这时门外传来一个洪亮的声音，随后一个魁梧的中年人走进厅内。段远鹏打眼一看，来人四十多岁，面皮紫红，浓眉大眼，一路过来龙行虎步，步步生风，一看就是个练家子。

成贵玺定睛一看，连忙站起身，满脸堆笑：“李主任，哪阵风把您吹过来了？快快快，加碗筷。”

来人也不客气，端起酒碗将一碗天麻酒一饮而尽。

“成队长，九月重阳是我们两河口民团队长袁士华的四十大寿，袁队长忙，让我来请你赴他的寿宴。怎么，我听说你发了笔横财?”

来人是成连音的舅老倌李台清，在两河口当联保主任。袁士华也好，李台清也好，和成连音的心思是一样的，都看不惯成贵玺明里当民团队长，暗里却和崔玉龙一起打家劫舍。几个人都想除掉成贵玺，无奈一直找不到时机，这次听说成贵玺得了这么多枪，怕他今后做大，宁羌的老百姓要受到更多祸害，到时再灭他会更加棘手。

成贵玺当然知道陕南“亲不过子舅”的道理，李台清是成连音的舅老倌，说什么也不能怠慢，不停地给他添酒夹菜。

这边正吃着，就听见外面一阵骚乱。山娃子在前面带路，吴友奇绑着黄永安走进厅里来了。见到段远鹏坐在酒桌旁，吴友奇这才放下心来。

段远鹏他们被成贵玺扣住后，消息很快就传到山娃子家。副队长苏绪命令吴友奇去侦察，吴友奇恰好见到黄永安去成连音那儿报信，就将他扣了下来，三下两下一审，得知段远鹏和战友们有危险。他也没向苏绪汇报，就押着黄永安冲进来，想用黄永安去换回段远鹏他们。

成贵玺的大厅里顿时乱成了一锅粥，气氛一下紧张起来。李台清反客为主，把酒碗摔在地上，大喝一声：“不要吵，慢慢说!”好一会儿，他才将事情理清楚。

“成贵玺，原来是这么回事儿啊！黄永安，你也别去送信了，我写封信给成连音，做个和事佬，十支枪一人一半，先前成志杰拿了四支，这次，让段兄弟和他的几个朋友拿着我的信，再加一支枪给成连音。这不就结了？”

成贵玺沉吟片刻，抬起头对李台清说：“不知道成连音会不会同意？”

“成连音能不听我的？你不放心，我亲自跑一趟。”

“让义父陪着你和段兄弟一起去吧，也有个照应。”

八

九月重阳的陕南，秋高气爽。两河口张灯结彩，两天前民团队长袁士华就请了县城的戏班子来演戏。晚上的寿宴更是高朋满座，热闹非凡。青木川的魏富堂、阳平关的成连音、广坪的李树敏兄弟六人都带着花红彩礼前来贺寿。

成贵玺与袁士华交情一般，耐不住黄永安的轮番苦劝，和黄永安一起去祝寿。段远鹏、吴友奇也随同去赴宴。酒桌上觥筹交错，山里的野味一道接一道地端到桌上来，令人眼花缭乱。段远鹏和吴友奇轮番向成贵玺敬酒，成连音和魏富堂也离席过来向成贵玺敬酒。成贵玺感受到成连音和魏富堂的示好之意，好不开心。成贵玺的酒量本来就不大，哪禁得住这么多人轮番轰炸，不一会儿就觉得天旋地转。迷迷糊糊间，只听到袁士华吩咐手下送他到柴家店摆大烟灯，残留的清醒使得他更加得意，大烟就好比他的命。听说摆大烟灯，他一把推开扶着他的黄永安，摇摇晃晃地跟着袁士华的人走出大院。段远鹏和吴友奇紧跟在后面，不离左右。黄永安总觉得哪儿不对劲，也跟在后面亦步亦趋。夜色中，只觉得两河口的进出通道有许多穿着夜行衣的人在走动。

“贵玺，咱们还是早点回去吧，我总觉得不对劲。”黄永安说。

成贵玺这时已经酩酊大醉，烟瘾又犯了，哪听得进黄永安的劝告，还是紧跟着袁士华的人走到柴家店，迫不及待摆开大烟灯，开始吞云吐雾。

段远鹏从屋子里走出来，只留下黄永安和吴友奇留在屋子里。屋外，成连音的队副成志杰已经等候多时了，见到段远鹏，把一支枪塞到他手上。段远鹏接过枪，冲成志杰点了点头，成志杰旋即消失在夜幕当中。

不一会儿，两河口下场外，响起了手榴弹的爆炸声，接着四面枪声大作。段远鹏提着枪，一脚把门踹开，迎面就见到被枪声惊醒而坐起的成贵玺。段远鹏大喊一声：“土匪来了！”他朝着成贵玺的胸前就是一枪，成贵玺顿时毙命。吴友奇见队长已得手，一招制住尚未反应过来的黄永安。

“不要乱说话，一会儿袁士华来了，就说是土匪崔玉龙杀的！否则，我取你性命。”段远鹏用枪指着黄永安的额头，黄永安这才反应过来，使劲点点头，浑身抖个不停，吓得话都不会说了。

过了一会儿，袁士华带着团丁来到柴家店，看着一片狼藉，指指黄永安问：“谁干的？”

“土匪崔玉龙。”

“什么？你再说一遍！”袁士华疑惑地看了看黄永安。

“崔玉龙，是崔玉龙干的!”

“崔玉龙，不可能啊，他跟成贵玺不是死党吗?”袁士华迟疑片刻，“不管了，你们几个给成贵玺收尸。真晦气，大喜之日碰到这么个破事，呸!”

袁士华朝地上狠狠地吐了口唾沫，仿佛要将所有的不快和晦气统统吐掉，悻悻地领着手下离开了。

赵家河的民团团丁本来就不多，而且大多是从阳平关带出来的。成贵玺一死，群龙无首，便作鸟兽般散了。成连音随后派成志杰带了几个人来接管。

“你是条好汉，留在这儿干吧！成连音说了，只要你愿意，赵家河就让你管。”成志杰对段远鹏说。

“谢谢成队长的好意，我们还是要回老家去，希望成队长能说话算话。”

“放一万个心，你什么时候方便，我陪你去阳平关。不过，成贵玺的那十支枪……”

“事不宜迟，我们即刻就出发，去阳平关要走一天的山路，现在出发到那儿恐怕也要到黄昏了。”

成志杰皱了皱眉，想了想，说：“好吧！那你送给成贵玺的十支枪……”

段远鹏笑了笑：“我们说话算话！那十支枪当然转赠给成连音队长。但是，我要拿到路条，所有兄弟要过嘉陵江的关卡。”

成志杰尴尬地笑了笑。

段远鹏和苏绪领着战友一路出发，刚出赵家河的山口，就被山娃子拦住了。

“段叔，我要跟你们走。”

“瞎胡闹，快回去，你爹还在等你。”

“不行，我就要跟你们走。”山娃子扯住段远鹏的衣服不放。

段远鹏脸拉了下来，吩咐吴友奇：“让孩子回去。”

成志杰却对段远鹏笑了笑，说：“段兄弟，一路艰险，有个说本地话的机灵孩子倒是件好事。”

“你多大了?”吴友奇笑着问山娃子。

“我十六了。”

正在僵持不下之际，山娃子的父亲和马保长从远处赶来。

山娃子的父亲说：“段兄弟，家里粮食也不多了，你就带孩子走吧!”

“段兄弟，你就带孩子走吧！山娃子的妈死得早，让孩子跟你走出大山去闯闯吧!”马保长对段远鹏说。

段远鹏看着山娃子的父亲，一阵心酸。在深山里被“围剿”，山穷水尽之际，他们幸运地遇到像马保长和山娃子的父亲那样心地善良的山民，才使部队前行有了一线生机。而苏绪、吴友奇几个人这几天一直在山娃子和马保长家，肯定消耗了不少粮食。他摸了摸口袋，里面什么都没有。看着眼前满脸沧桑又瘦又小的山娃子的父亲，段远鹏的眼圈红了，他伸手搂住山娃子：“好吧，我们带山娃子走。”

段远鹏用手背擦了擦眼泪，对成志杰说：“成队副，麻烦你各送一百斤粮食给马保长和山娃子的爹，算我们向你借的。”

“这个……”成志杰面露难色。

“成队副，那十支枪换这么点粮食都换不到吗?”

成志杰连连点头：“好说，好说。”

数日前，段远鹏第一次见到成连音，是和黄永安、李台清一起过去的。成连音借故支走了黄永安，三人在密室里商量着如何除掉成贵玺。

“段兄弟，你到底是川军还是……”成连音指指一块红布说。

“是什么不重要，重要的是我要路条，护送兄弟们出关。”

“去年三月，胡宗南长官率中央第一师进驻阳平关，关了几百人，杀了七十多人。现在阳平关还有国民党党部，你们要是共产党可就别想走了。”

段远鹏哈哈大笑：“我们兄弟不是被吓大的。成队长，要是您能帮助我们跳出嘉陵江的关卡，我答应给成贵玺的十支好枪还有子弹全都归你。”

段远鹏清晰地看到成连音眼中流露出一种亮光，那是清晰的欲望之光。

“此话当真?”

“君子一言，快马一鞭。”

“十条枪……放走红军可是要杀头的!”成连音沉吟了半晌，依然没有表态。

“连音，富贵险中求嘛!”李台清插了句话。

突然，段远鹏发现成连音眼中一刹那凶光毕露，于是慢悠悠地开口道："成队长，要想黑吃黑，灭掉我们这帮兄弟，恐怕也没这么简单！要是撕破脸打起来，鹿死谁手，还说不定呢！传出去，嘿嘿，江湖上也会说你成连音是个小人。"

成连音吃了一惊，眼前的这个年轻人绝不是等闲之辈，自己的想法居然被他点破，真是不可小觑。

"段兄弟，绝无此意，你多虑了。我成连音为人讲义气，在这一带是有名的。成某人一定礼送段兄弟一行从嘉陵江出关……"

嘉陵江，秋水高涨。段远鹏领着一身民团打扮的游击队员陆陆续续过了几个关卡，转眼就到了嘉陵江码头。

"段兄弟，送君千里，终有一别。前面就是码头，坐船可达四川。我这儿略备了一点银圆，权当路费，我们就此别过。"成连音说。

吴友奇接过银圆。

段远鹏冲成连音抱了抱拳："实不相瞒，我们是红军游击队，成队长，后会有期。"

成连音狡黠地笑了笑："段兄弟，我看到你第一眼，就觉得你是共产党，川军中哪有你这样有胆有识的人才。"

九

段远鹏先挑了一匹又矮又小的马，身旁的战士看到师长挑的马实在是其貌不扬，纷纷哈哈大笑。部队一路打过来，横扫大半个中国，作为先头部队的主力师接到命令，要解放汉中，解放宁强，肃清匪患，打通川陕公路，打通大西北通往大西南的咽喉要道，进而解放全中国。

“师长，你选一匹好一点的马吧。”警卫连长曹廷林说。

段远鹏没说话，笑了笑。政委苏绪也选了一匹又矮又小的马，战士们又是一阵哄笑。

“怎么师长、政委都是选的劣马？”曹廷林悄悄地问身旁的营长吴友奇，只见吴友奇也是神神秘秘地在一堆矮马中挑来挑去。

吴友奇带领部队刚打了几个胜仗，心情非常好，用手指指一直跟随在师长身边的山娃子。

山娃子自从1936年跟随段远鹏从阳平关渡过嘉陵江走出大山，这一走就是十多年，现在又随大军打回宁强，阔别了多年的故乡就在眼前，显得心潮澎湃。见曹廷林对师长、政委的举动很费解，吴友奇心中也是一乐，将在一群高头大马里比画的曹廷林拉到身边：“曹连长，我就是宁强本地人，宁强地处秦岭巴山，自古交通不便。两千多年前，羌人将一种矮马品种从青海游牧聚居地带到宁强，虽然它的个头比正常马矮一大截，但它从不挑食物，从不挑环境，在开路难、行路难的大山里，顽强不屈，脚力极强，就形成了独有的品种——宁强矮马。相反，那些高头大马却不适应崎岖的山路，师长、政委、营长都曾经在宁强战斗过，这些他们怎么可能不知道呢？”

曹廷林恍然大悟，原来这里面还有这么大的学问。外号“鬼见愁”的司务长吴存银也是宁强本地人，拍了拍曹廷林的脑袋说："宁强山高林密，土匪成群，你要多留几个心眼，保护好首长的安全。"

曹廷林开玩笑道："神仙也怕鬼见愁，何况是吴瞎子，你能掐会算，算算我们什么时候能解放宁强。"

吴存银在曹廷林头上轻轻敲了一下："你小子，到了宁强，多长几个心眼总不是坏事。"

曹廷林说得没错，吴存银的确是个传奇人物。1932 年，他在宁强参加红军，任团通讯员，在巴中县通禾垭和剑门关的战斗中两次腿部负伤。1934 年，他加入共产党，次年被提为排长。1935 年，他在茂州战斗中头部负伤被俘，因未暴露身份，伤愈后被释放，复回红军部队。

1937 年 8 月，吴存银所在的部队被改编成八路军 129 师，吴存银任团部司务长，在甘肃蒋家大陆战斗中左手负伤，伤好后跟随部队驻长治县，任长治县军区司令部管理员。一次，他外出执行任务，因为无"良民证"落入日本鬼子手中，由于没暴露身份，才被地方人士保释出来。

1939 年，他任第六军区司令部供应处粮秣股长。10 月，部队路过山西省吉山县时，第六军区司令部被阎锡山的部队包围，吴存银又一次被俘。这一次没以前幸运，敌人听他口音不对，对他严刑拷打。吴存银就是一句话："我是四川人，是给共产党挑子弹的。"由于烧得一手好菜，吴存银在国民党的部队当了近四年的伙夫，暂时与组织上脱离了关系。在这期间，吴存银利用各种机会对阎锡山的两个连队做工作，1942 年，居然成功带着两个连的士兵回到八路军，编在第九支队。

1943 年，吴存银任山西省过锡县游击队长、独立营排长等职。次年二月，吴存银又被国民党抓获，做了四个月的苦工后逃出。不久，部队夜宿山西省安邑县猴马村时，吴存银再次被俘。敌人对他反复审讯毒打，但他始终坚守党的机密。关在地窖里的吴存银说服了同时被关的三个人，趁着黑夜成功逃脱，千辛万苦才找到部队，1948 年经组织鉴别，他重新加入共产党。

吴存银经过长期的残酷斗争，先后被俘五次，积累了丰富的对敌斗争经验。组织上听说他是宁强人，出于对宁强复杂形势的考虑，特地将吴存银调拨给段远鹏的主力师。吴存银由于平时总爱眯着一只眼，又足智多谋，战士们送他外号“吴瞎子、鬼见愁”。

段远鹏当年从阳平关渡过嘉陵江，千辛万苦赶上队伍，经过组织甄别，从排长做起，部队打遍大半个中国，他智勇双全、善打硬仗，战功赫赫，已当上了主力师的师长。为策应关中战场的攻势，段远鹏所在师奉命西进作战。胡宗南为保住他的入川退路，在安康至白河、竹溪间设置了三道防线。段远鹏所部两个月内进行了三十多次浴血奋战，摧毁了敌人的三道防线。此时，二野也完成了进军西南的部署，多路向贵阳、重庆等地进逼。胡宗南精心营造的秦岭防线已宣告彻底失败，如梦初醒的胡宗南惊慌失措，意识到问题的严重，急忙调整部署，开始南逃，就怕被解放军包了饺子。

曹日辉和姜森清楚地意识到秦巴防线危如累卵。在汉中，两人一方面网罗各类反动势力、残渣余孽，拼凑“反共忠义救国军”等所谓的十万地下军，企图苟延残喘；另一方面，他们疯狂破坏道路桥梁和可供军需的有关设施，企图阻止解放军前进。川陕公路一片狼藉，大大小小的桥梁全部被炸毁，公路上的关键险要路段更是加埋了地雷和其他爆炸物，沿途的沟壑池塘内也横七竖八地丢弃着各式炮弹和军用杂物。一些重要的民生设施，如汉中电厂、褒城的三家面粉公司已经被军统特务破坏成一片废墟。胡宗南的各路人马纷纷退往四川，唯恐撤退不够及时而成了解放军的盘中餐。嘉陵江沿岸和川陕公路两侧战火不断，途经青木川退往四川的逃兵川流不息。魏富堂坐在大院子里，接连不断地收到令他不安的消息。他极度担心国民党逃兵扰乱青木川。外面又传说，有的地方民团已经起义投奔解放军，开始追击国民党的溃退残兵；还有的民团将人马带到山上驻扎，相机行事。这些消息进了魏富堂的耳朵，使得他分外焦急，不知如何是好，仿佛一叶孤舟在茫茫大海中风雨飘摇，找不到方向。

就在魏富堂在青木川紧张焦虑之际，一名国民党军队的少壮军官带着两名全副武装的警卫来到魏富堂的院子里：“我是骑二旅的唐团副，奉吕旅长之命前来拜望魏大哥，后面人马就到，准备在青木川一带驻扎，听候命令，一切希望魏大哥支持帮助!”

魏富堂一听来人不称官衔，只管叫大哥，就知道他是红帮上的袍哥兄弟，便双手抱拳，拱了拱手：“大家都是行伍，又都在原‘汉留一派’，梁山弟兄，都是自己人，哪还能见外?”

“不知这里有几堂人?”唐副官接着问。

“上下仁义两堂，‘仁’字叫汉安社，‘义’字叫全义公。开过山，立过堂，手下有百把十个兄弟伙。这里袍哥兴得早，几位老舵把子都还在，我大哥是坐堂大爷。龙头、管司、老么一条龙，都是全的。附近几个码头的哥老们都同堂拈过香，认叫过，能够通得到气，走得到路。目前这事可吃香，到处都讲究，一说是自己人，天大的事都得了。”魏富堂一口气说完。

唐团副一听魏富堂的回答，肃然起敬，很谦恭地说：“我们吕旅长也是龙头大爷，最讲江湖义气，后面就到，一定要拿着单张草片拜访你哥子的!”

随后，一队队荷枪实弹的骑兵踏着滚滚烟尘浩浩荡荡而来。为首一人骑着匹银蹄乌骓马，身材瘦长，满脸胡茬，虽穿戴整齐却难以掩盖脸上的失意颓唐之色，来人正是骑二旅旅长吕维化。吕维化一见路上站着许多欢迎的人，就知道是魏富堂前来迎接，忙翻身下马。唐团副趋身上前介绍：“这就是魏总队长魏大哥。”

吕维化抬头一看，只见魏富堂中等身材，体格健硕，长得膀宽腰圆，紧扎结实，头戴一顶黄呢军帽，身穿一件黄呢军装，外罩黑鹿皮大衣，腰系宽皮带，下身却是一条黄呢军裤，脚上一双黑牛皮长筒带刺马靴；大胖脸，隆椎鼻，一对门牙压在下嘴唇上，两边还镶有金牙，眼深眉长，一双眸子虎视鹰顾，目光射人，两眉间一条直线肉纹，好似银针破印。

吕维化紧上几步，一把抓住魏富堂肉嘟嘟的手说：“魏总队长魏大哥，久仰，久仰。”

魏富堂寒暄了两句，挽着吕维化的手来到回龙场老街，一大群人紧跟着两人。接风酒宴早已摆好，宾主举杯互致敬意。两人商定旅部驻扎在辅友社，各团人马在四乡八里安营扎寨。不久，青木川到处布满营房和帐篷，川坝山林，刀枪可见。青木川本来地方就不大，哪经得起这么折腾，瞬时变成了一座大兵营。

过了几天，等吕维化安顿下来，魏富堂又举办了一场军民联欢大会。

魏富堂说：“国军辛苦到达这里，一切军需粮草，保证积极供应，支援部队，吕旅长保卫地方安全，青木川应该全力支持部队。”

“军民一家，利害相连，请魏总队长多帮忙，凡事仰仗扶持。我等一定做到严肃军风纪律，不扰害百姓，不在地方上生事找麻烦。”吕维化也郑重表态。

可是魏富堂却像吃了个苍蝇一样难受，骑二旅驻扎在青木川以后，接二连三地发生了几件事情，弄得他的头都大了。吕维化来的当天，青木川正在大摆赌场，而且有戏班唱戏，一生都打头吃利的魏老大跟骑二旅的一个排长在赌摊上吵架，几乎火拼，要不是魏富堂去得及时，可能就要动家伙；接着西沟有人报告说，有个骑兵在晚上撬开老乡家里的门，企图强奸妇女；垭上报告说，有骑兵偷吃了两只肥鹅不给钱，街上烟馆也来诉苦，说骑兵抽了大烟要欠账还要歪。一件又一件的事情弄得魏富堂头昏脑涨，寝食难安。如果把这些事情告诉吕维化，怕伤了骑二旅的面子，要是吕维化恼羞成怒，那可不是好对付的；要是不吭声咽下去，事情出在自己的地盘上，不仅丢人，而且多年的威风也完全扫地了。就在魏富堂左右为难、闷闷不乐之时，吕维化带了兵来拜访，还牵了两头骆驼。

“骑二旅初到贵地，也没别的东西，现在给魏总队长赠送一支‘柯尔特’手枪和两匹骆驼，略表心意。”吕维化的话说得很诚恳，倒不像有其他企图。

“不敢，不敢，没有寸功微劳，怎么可以无功受禄?”魏富堂连忙推辞。

“你我袍哥人家，讲究义气，俗话说‘钱财如粪土，仁义值千金’，最近汉中吃紧，听说共军已经入川，将来形势变化难以预料”，吕维化长叹了一口气，一双眼睛空洞地望着远方，极其伤感地说：“以后就是想跟你交个朋友送点东西，恐怕机会也很少，甚至不可能了。”吕维化说得萧索惆怅。

俗话说，听话听音。魏富堂是老江湖，怎么可能听不出吕维化话中的深意呢。他的心里就产生出一丝悲凉，真的是“无限江山，别时容易见时难”。想不到形势变化得如此之快，他默默地接过手枪，吩咐人将骆驼牵走了。

又过了几天，似乎是风声更紧了，魏富堂为打探虚实，亲自去旅部拜访，看到几乎每个骑二旅的官兵脸上都流露出惊慌失措的神色。电话从早到晚一直响个不停，各色人等进进出出，像是大难临头的样子。魏富堂望着一脸沮丧的吕维化，说：“吕长官治军辛劳，我特地安排了一场夜戏招待旅部长官!”

吕维化皱了皱眉，若有所思，也未推辞，只是一个劲地言谢。

看戏期间，魏富堂侧目偷偷注视着吕维化的面容，一脸平和，一点都无沮丧焦虑之色，与前几天判若两人。魏富堂这才稍稍松了口气。

可当天半夜里，魏富堂却被惊醒，只听到人声鼎沸，马蹄声嘀嘀嗒嗒嘈杂一片。魏富堂有个习惯，半夜一般不外出。等到天蒙蒙亮，一夜无眠的他脸都没洗，就直奔辅友社，一看，人去楼空，骑二旅全逃跑了，青木川一个驻军都没留下。魏富堂见骑二旅不打招呼就潜逃，非常生气，跌坐在石板上，对赶过来的徐种德说:“什么讲义气？全是骗人的鬼话，逃跑了连屁都不放一个。”

魏富堂和徐种德亲眼看到骑二旅仓皇逃跑的狼狈样，内心震动，两人都感到深深的恐惧，时局确实非常严重了。后来，他们才隐约得知，吕维化深夜撤离，是要抢在解放军前渡过白龙江，以免背水作战，于战事不利。骑二旅走后，就有信来，骑二旅让魏富堂派人去白龙江旅部领取军需用品。魏富堂派人前往吕维化处领取了几箱子弹和部分医疗救护用品，这时，燕子砭团总王文轩的信就到了。信上说，阳平关以上交通断绝，消息不通，大安和宁强一带可能已被共军占领，情况十分危急，要早做打算，以防万一。魏富堂看到信以后，冷汗直流，话也说不出来，心情很是沉重。

十

“荦确三泉县，坡陁一径开，江流沮口合，风雨沓中来。”在三泉县旧址前，远处尘土飞扬，三匹矮马一路奔来，为首一人从马上跳下来，对着山下汹涌奔流的嘉陵江，大声吟诵了一首清朝诗人王士祯描写宁强的诗作《大安驿》。

“黎先生，您的家乡是个好地方啊！”

“段师长好学问！”紧随着段远鹏的黎民觉见他下马，也从马上跳下来。贴身保护段远鹏的山娃子见两人牵着马，一路走一路聊，也下马紧随其后。

“段师长，据《宋史》记载，北宋乾德二年，宋太祖赵匡胤派大将王全斌率兵伐蜀，王全斌的先锋史进德与蜀军在三泉县激战，蜀军大败，王全斌趁机攻克利州、剑州，次年进入成都。至此，伐蜀战役结束。据《舆地纪胜》记载，‘平蜀之役诏令，三泉县不隶州郡，遇庆贺许发表章直达榻前’。宋太祖下令，三泉县越级隶属京师，文报直接在三泉县和京师间传递，开中国历史上地方县级政权直隶中央的先河。如果说，北宋初期的伐蜀战役让朝廷第一次意识到宁强作为入蜀门户所发挥的重要作用，那么在明朝洪武年间发生的另一场战役，则使得宁强成为历朝历代都无法忽视的战略要冲。洪武末年，明太祖朱元璋治国严猛，刑法严酷。田九成在马面山揭竿而起，安营扎寨，反抗朝廷。朱元璋大惊，连忙派兵镇压。经过数月激战，起义军寡不敌众，一场轰轰烈烈的农民起义就此终结。这次起义虽然时间短暂，但对朝野震动极大，朝廷深知西南有事，宁强必首当其冲，是兵事易发地带，加之它是连接中原和蜀地的交通要道，于是在洪武三十年（1397 年），明朝在羊鹿坪建宁羌卫；成化二十二年（1486 年），建宁羌州，并在此筑城，希望羌地永宁，这就是宁强的由来。宁强向来地势险峻，山高林密，阳平关、燕子砭、青木川、广坪，每个地方都背依大山，地势险要，如果民团躲在山中打游击，会很难对付。”黎民党将宁强的由来和历史粗粗地讲述了一遍。

“段师长，你这次来阳平关，实在是太冒险了，要知道现在宁强还在国民党的手中，位于山城的宁强县城简直就是一座兵营，没有城防司令部的路条，任何人都不得擅自出入城区。阳平关虽然离县城有一段距离，但毕竟成连音所部已由曹日辉整编，我们三人入虎穴，太危险了。”黎民党深表忧虑。

“不入虎穴，焉得虎子。我来会会这位老朋友。阳平关地理位置险要，牵一发而动全身，如果今后我们拿下宁强县城，胡宗南部必会向四川溃逃，阳平关、青木川等关隘就会越发显得重要，当地的民团要是躲在大山里打游击，地形熟悉，游走自由，对大军是个威胁。”段远鹏说。

三人跨上马，不一会儿就来到了阳平关。黎民党远远就见到了地下党员刘加三和阳平关火柴厂经理卢呈瑞在路边迎候。两路人马在路边寒暄了一会儿，黎民党将刘加三拉到一边，介绍了段远鹏的身份。刘加三大吃一惊：“这太危险了，要知道，现在阳平关的国民党特务活动很猖獗，段师长亲自来了，要是有什么不测，我们怎么向党组织交代?”

“你要保密。”黎民觉对刘加三说。

“那会面的地点就不能放在成连音的队部，那儿人杂。”

刘加三紧走几步，对卢呈瑞说：“约成队长今晚到你的火柴厂来面谈，你要保证安全。”

“成连音已经安排好，在队部设宴款待黎先生一行。”卢呈瑞面露难色。

双方僵持不下。段远鹏走过来一听，哈哈大笑：“今晚我们就去他的队部拜访我的这位老朋友。”

黎民觉和卢呈瑞本就是老朋友，交往很深。而卢呈瑞与成连音是郎舅关系，之前黎民觉让卢呈瑞多次试探成连音的思想动态并做他的工作，卢呈瑞觉得成连音的态度已经有了很大转变，想得也比较明白了，就让黎民觉过来与成连音正式谈判。

傍晚时分，段远鹏一行在卢呈瑞的引领下，跨进成连音的队部。段远鹏向四周一扫，十多年过去了，成连音的队部没什么变化。想到十多年前，刘型引领自己走上革命道路，在山穷水尽之时利用民团带领部队跳出包围圈脱险，不久追上大部队的往事，仿佛就在眼前。

成连音在队部大门口迎接，一见段远鹏，顿时愣在那儿，身旁的队副成志杰也觉得来人眼熟。成连音脑中电光火石般一闪，不顾黎民觉和刘加三在身旁，一把抓住段远鹏的手：“段兄弟，我们嘉陵江畔一别就是十多年，想不到今天能在这儿见面。”说完他也不顾其他人，拉着段远鹏的手就往内堂走。

这时成志杰也回忆起来：“原来是段兄弟，请!”

刘加三和卢呈瑞见到这个情形，异常纳闷，心中升起无数个问号。黎民觉虽算见多识广，但也没料到这个情况。

成连音把酒宴安排得相当丰盛，可双方都无意于桌上的美食佳肴。成志杰见气氛紧张，就一个劲儿地劝酒。黎民觉几次把话题往投诚上引，成连音却是顾左右而言他，反而回忆起十多年前和段远鹏设计诛杀成贵玺的往事。

“段兄弟，多亏了你的那批枪，让我保证了这阳平关一带的安全，土匪崔玉龙知道成贵玺死后，多次到阳平关发难……”

“还不是成队长足智多谋，收买了崔玉龙的得力助手，在打猎时让他毙掉了崔玉龙，才平息了匪患。”成志杰插了一句。

黎民觉和刘加三相互对视了一眼，两人都知道崔玉龙是个悍匪，可不知什么原因，一帮土匪莫名其妙地就灰飞烟灭了。江湖上传闻很多，原来是成连音干的，不仅干了，而且悄无声息。两人同时都有一种想法，面前这个其貌不扬、五短身材、一脸横肉的中年人，一定是个狠角色。

“段兄弟，我们一别十多年，这么多年来一向可好?”成连音端起一杯满满的天麻酒。

“他现在是解放军主力师的师长，不久就要挥师解放整个宁强，进而解放整个大西南。”黎民觉索性将段远鹏的身份亮了出来。

成连音脸上的神情迅速一变，随即恢复原样。这一切都没逃得过刘加三和黎民党的眼睛，段远鹏同样看在眼里。

“我早就说了，段兄弟是个人才，有胆有识，正应了那句古话，金鳞岂是池中物。”成连音一口将酒喝完。

“成队长，我这次来就是看看故交，一来要感谢你当年对我们游击队施以援手；二来，也希望你认清大局，跟共产党走。”

成连音长叹了一口气，慢悠悠地说道：“段兄弟，我难啊！卢呈瑞是我的妹夫，你问他，我早就想投靠贵党了，国民党已经腐败到骨子里，只要是明眼人都能看到。可是民国 24 年（1935年）红军从宁强撤走后，胡宗南就在阳平关成立了临时党部，借我的名义枪杀县苏维埃干部和游击队员，我真的是冤枉啊！现在姜森还经常在宁西这一带活动，国民党汉中十八绥靖司令部二处派了三个参谋，都是校官，驻在我这儿，监视我的一举一动。另外，姜森的副司令张大拱就是我们阳平关张家湾人，来了后，就把我们改为‘反共救国军’阳平关支队，整天催着我加紧编造‘反共救国军’阳平关支队的组织名册。”

“成队长，我也是从旧军队走过来的，共产党的政策我清楚，只要你真心跟着共产党走，为党立功，为新中国的成立做出贡献，党会考虑实际情况的。”黎民党说。

“成队长，我们是老相识了，你当年为游击队做的事，我已经一五一十地向党组织汇报过，今后如果还有需要的话，我还是会向党组织说明情况的。现在全国大部分地区已经解放，胡宗南在陕西也待不了几天了，你要认清形势，抓紧时间起义，为革命，也为自己争取时间。我们是老朋友，我才亲自到阳平关走这一趟的。”段远鹏说。

“成队长，你要理解段师长的苦心，过了这村就没这店了。”刘加三也劝导。

“队长，跟着段兄弟干吧！”成志杰也在一旁苦劝。

成连音思考良久，艰难地做出决定：“我愿意起义，所部三百三十余人，一百六十条枪，三挺机枪，全部无条件地听从共产党指挥。”

黎民党大声说：“好！”站起身端起酒，“为成队长弃暗投明干一杯！”

刘加三从长衫口袋里掏出一张纸，上面写着协议二字，具体内容是：“一、不持枪抵抗中国人民解放军；二、不跟国民党逃跑；三、不参与叛乱活动；四、无条件接受中国人民解放军的命令；五、保境安民、听候调遣。”刘加三将协议递到成连音的面前，成连音拿起来看了看，用牙齿咬破食指，在落款处按下了一个鲜红的血印，递给了刘加三。

这时的气氛就稍稍轻松了一些，双方就一些具体细节又做了沟通。

成志杰说：“阳平关除了驻守的国民党一个正规团之外，临时还有三十八军‘定’字部队的一个营，营长赵昊几乎每天都让我陪他去察看地形，打算筑些临时工事，凭阳平关的险要地形负隅顽抗。不过，我看他们也没筑工事，只是嘴上说说，虚张声势而已，只要战事一开，可能跑得比谁都快。”

“你是怎么看得出的?”黎民觉从二十岁起就在冯玉祥的西北军当营长，后又在军校深造，对打仗非常内行，大致将情形一问，自然一清二楚。

“成队长，赵昊的‘定’字营不足为惧，但你要找机会解除驻在阳平关一个国民党正规团的武装。”

“我只有二三百人的兵力，恐怕不能战胜一个团的正规军。”

黎民觉哈哈大笑：“你不能只看对方的人多武器硬，你要看到他们官兵的士气低落，有如惊弓之鸟，已丧失战斗力，根本不堪一击。只要你大喊一声，‘我们是共产党游击队，缴枪不杀!’保证他们闻声丧胆，乖乖缴械投降。”

成连音沉默了半晌，没有开口。段远鹏说道：“今天我们双方收获都很大，我和山娃子今晚返回部队，刘加三校长也要回青木川，黎先生这段时间就在阳平关，你要保护好黎先生的安全。”

成连音一再挽留，段远鹏和刘加三都执意要回。

夜色如水，群山环抱中的阳平关被滔滔向西奔流的嘉陵江水一隔为二。关东南鸡公山熊峙，关西北子龙山耸立，夜色中朦朦胧胧，更显得山川壮丽，关隘险峻。阳平关自古以来就是兵家必争之地，也是大西北入川的咽喉要道。段远鹏和山娃子沿着嘉陵江策马前行，一路上层峦叠翠，郁郁葱葱。段远鹏无心欣赏美景，十多年前，他在凄风冷雨的大山中穿行，对大山有着深刻的体验，担心大军过后，宁西的数支民团武装如果依靠险要的地势顽抗，那对解放军将非常不利。但愿黎民觉和刘加三能够将工作做到位，为大军西进入川减少障碍。

阳平关离青木川本就不远，此刻的刘加三也在山路上前行。他同样在思考着这个问题，成连音的工作似乎做了下来，但宁西民团势力犬牙交错，如何跟魏富堂和王文轩打交道，似乎是个新问题。更棘手的是，广坪以李树敏为首的“六匹狼”，这股势力是姜森渗透得最多的，李树敏对其小老婆柳芳言听计从，这更令刘加三觉得头疼。

黎民党住在阳平关，成连音为了将他和姜森派来的国民党第十八绥靖区的特务隔开，特意安排他住在一个偏远的院子里。夜深了，大山里格外寂静，可黎民党怎么也睡不着，往事如烟，件件映入脑海，从年方弱冠即是西北军的营长，到成为中共地下党员，一路走来，坎坎坷坷，所幸的是，在人到中年，终于找到一条正确的道路，只有共产党才能救中国。自己在西北军也好，在十八绥靖区也好，都有着很高的声望，有不少故交，在宁强县城也有着很高的声望。党组织也是看到这一点，指派给他的任务就是要策反宁西的民团武装，为大军入川和新中国成立后宁西新政权的巩固做好铺垫。

黎民党披衣而起，不远处就是国民党的“定”字营，再隔一段距离，就是国民党驻在阳平关的一个正规团，此时的他下定决心，说什么也要策动成连音将这两支队伍拿下，为大军扫清障碍。

十一

1949年年底，按照中国人民解放军进军大西南的战斗部署，段远鹏率大军循古之连云栈道，转向古褒斜道，即当时的川陕公路，越过莽莽秦岭，一路披荆斩棘，直插汉中盆地。

解放军各路进军西南的炮火打响之后，防守大巴山的国民党第七兵团迅速向四川腹地疯狂逃窜。而宁强地处大西北入川的重要隘口，地理位置极为险要。

段远鹏带领部队急行军，行军速度由原来的日行八十里增加到一百里，许多官兵脚上的血泡磨得一个接一个，风雪交加的天气令山路更加湿滑，可部队行军速度丝毫没有降低。宁强东北重镇大安镇就在眼前，国民党十师的一个团在大安镇犹作困兽斗。段远鹏率军赶到之时，敌军的一个团已经在山头上构筑好工事。大安镇的道路狭窄，在两座山峦之间，易守难攻。吴友奇的营担任主攻，但一路上长途跋涉，战士们都十分疲劳，敌人又占据有利地形，在两个山头上架设机枪，工事修在山顶，从上至下，视野十分开阔，两个山头相互支援，战斗胶着了一天，迫击炮也上了，解放军仍然毫无进展，吴友奇非常着急。

天色渐渐暗了下来，司务长吴存银和山娃子过来给主攻部队送晚饭。吴存银查看了战场情况后，眯着眼提醒吴友奇："营长，正面进攻可能很难。"

"你个鬼见愁，倒是说说，怎么办？大江大河都蹚过来了，总不能被这个小土堆挡住吧?”

“营长，你让我和山娃子，再带几个宁强本地的兵，今晚摸上去，说不定能给你个惊喜。”

吴友奇思考良久，说道：“你们一路急行军到这儿，太疲劳了，万一遇着敌人，也没什么战斗力。再说，你们上去寡不敌众，会有危险，我不同意。”

“营长，大安这一带的山我们熟悉，我跟司务长带人爬上山，端掉敌军的几个强火力点。一旦得手，我们以信号弹为号，你们就攻上来，一举歼灭敌军。”山娃子说。

“不行，你是师长从宁强带出来的宝贝疙瘩，十多年来都不离左右，一旦出了危险，师长那儿我可不好交代。”

“营长，我命大福大，在家乡，地形熟悉，再说，鬼见愁在我身边，您有什么好担心的?”

吴友奇在原地踱了几步，下定决心：“多带人手，注意安全，不行就撤回来，再从长计议。”

吴存银和山娃子挑选了三十多个宁强本地惯于攀爬的战士，半夜时分悄悄出发。天空中的雪花一个劲地飘落，崎岖的山路更加湿滑。快到对方营地时，走在最前面的吴存银蹲下来，伸出左手向后面的战士们做了个手势，瞬间，整个队伍都沉静下来。敌方的工事修筑在一片开阔地上，树木已被全部砍伐了，绝大多数敌军都在帐篷里睡觉，只有零零落落的几个哨兵在雪中走来走去。吴存银观察完地形后，放心了，一挥手，山娃子和几个战士冲上去，悄无声息地解决了几个哨兵。敌军怎么也想不到如此恶劣的天气，解放军会从没有路的后山摸到营地上来。

吴存银见解决了哨兵，马上端起冲锋枪和战士们冲进了敌军帐篷。敌军正在熟睡，等到被惊醒时，都已经做了俘虏，一个山头就轻松地解决了。

吴友奇一夜没有合眼，瞪着一双布满血丝的眼睛焦急地等着消息，终于在黎明时分盼来了信号弹。他赶紧指挥部队，从正面冲上山头。

吴友奇使劲拍了拍吴存银的肩膀："好你个鬼见愁，真有两下子，我要到师长那儿为你请功。"

吴存银连忙说："别，我还要回去给你们烧饭。"回过头来，他指了指对面近在咫尺的山头："从这儿拿迫击炮轰他们，居高临下，一打一个准。我看哪，不出上午就能结束战斗，攻克大安镇。"

部队占领了高地后，迫击炮一阵猛轰，对面山头的敌军这才意识到制高点已被解放军占领了，只能撒腿而逃。吴友奇跟踪追击到大安镇，一举歼灭敌军四百多人。

段远鹏挥师到大安镇后，立即审问俘虏，获悉国民党 27 师有重兵在阳平关、五丁关和几个重要关隘防守，宁强县城已经是一座空城。

段远鹏深吸了一口冷气，宁强周围的阳平关、五丁关、牢固关、七盘关和位于川境的飞仙关，都是蜀道上的重要锁钥隘口，都是易守难攻。段远鹏深知到五丁关要经过深涧和一段栈道式公路，又在密林中盘桓，自古以来就是一夫当关、万夫莫开的险峻关口，如果敌27师用强大的火力封锁关口，要想突破，势必造成极大的伤亡。而阳平关、牢固关、七盘关和飞仙关同样存在这个问题。

这几个关口都是入川的必经之地，作为主力师的重要任务就是要打通入川的通道，保证大部队入川解放大西南，而摆在面前的首要任务就是必须过五丁关这道坎儿，然后才能进入宁强县城。

段远鹏审问完俘虏，走出部队营地时，山娃子冲了过来。

“报告师长，阳平关黎民觉老先生托人带信过来。”

段远鹏眼前一亮：“人在哪里，快请，快请!”

在部队驻地外，两个工人模样的汉子向段远鹏奉上了黎民觉的亲笔信。信上说得很简单，他已经做通了成连音的工作，对方即将宣布起义，占领阳平关等关隘，以武力解决国民党驻军。

段远鹏看完信，喜出望外，狠狠地拍了下桌子，当即回信告诉黎民觉，部队马上要攻打五丁关，一旦得手，即拿下宁强县城，随即赶到阳平关与黎民觉一行会合，并嘱咐黎民觉和刘加三同时要做好青木川魏富堂、燕子砭王文轩和广坪李树敏的工作。

段远鹏跨上枣红色的宁强矮马，心想，如果黎民觉和刘加三能够顺利的话，部队攻克五丁关后，就可以顺势进入宁强县城，而整个宁西的门户阳平关已然打通，国民党在宁西的多年苦心经营将化作泡影。

五丁关前，青山高耸入云，古树参天，确有一夫当关、万夫莫开之势。清康熙年间蜀中董新策有诗云：

五丁关耸入云霄，一线天中转路遥。
崖断千寻行有路，蹊径百折渡无桥。
马蹄踏碎寒声涩，人面冲风短鬓飘。
坐倚篮舆登陟倦，那禁心旆自摇摇。

担任主攻的仍然是吴友奇的营，这回他学聪明了，不再从山下死命强攻，而是组织一些惯于攀爬的战士，组织突击队，趁着夜色摸上五丁山的主峰；再从山下将迫击炮运到五丁山顶，从山顶上看敌方的工事，真是清清楚楚。吴友奇随即下令，用迫击炮猛轰敌军阵地。

敌27师本就军心不稳，见解放军火力这么强，无心恋战，纷纷夺路而逃。段远鹏率部跟踪追击，一路打到宁强城下。此时的宁强城已无驻军，在得知大安镇已落入解放军之手的当天夜里，城里关外人喊马叫，彻夜不眠，胡宗南部纷纷撤离，县城里一片狼藉。当听到五丁关的炮声时，留守县城的国民党最后一任县长带上县印和两个保镖，抄近道经南山三道河，匆匆逃往四川。

段远鹏走进城的那一刻，城内一片欢腾，锣鼓声、鞭炮声不绝于耳，欢迎的人群排成了长队。段远鹏想起十多年前教导他走上革命道路的刘型，那个凄风冷雨的夜晚似乎就在眼前，当年刘型率领部队转战陕南，建立苏维埃政权，没少在宁强活动。段远鹏的眼睛渐渐湿润，侧过身对并肩而行的政委苏绪说："政委，十多年过去了，宁强好像还是那个样子。我经常梦见刘型团长，他是我革命的引路人，没有他，我们根本走不出陕南，赶上大部队。"

"是啊，那段日子部队被打散了，在山中躲避，我们都快崩溃了，好在刘团长一直鼓励我们，坚持下去，找到组织。师长，你还不知道，为了节约粮食给我们，刘团长好多天都没吃饭，身体被拖垮，最后染上了伤寒。"

"我知道，他一直是将有限的食物让给我们。"段远鹏说。

欢呼声、锣鼓声和鞭炮声响彻整个县城，宁强的地下党组织发动的欢迎人群一波接着一波，大街小巷挂满了五彩缤纷的欢迎标语。

段远鹏吩咐山娃子："通知师宣传科，张贴三大纪律、八项注意的宣传品。另外写一幅标语，'民国24年的红军又回来了，再也不离开宁强'。"

段远鹏、苏绪带着曹廷林和山娃子，在宁强县城一路走过去，看到很多老乡在解放军贴出的标语前驻足围观。

"民国24年，红二、红四方面军来宁强，好多老乡给了红军极大的支持。红军走后，支持红军建立苏维埃政权的乡亲们大都惨遭国民党的毒手，我们欠老百姓的太多了。"段远鹏对苏绪说。

苏绪点点头："是啊，我们的军队和老百姓就是鱼水关系，没有老百姓的支持，我们的军队就是无源之水。"

“山娃子，传令下去，全师在宁强县城休整三天，三天后，全师去攻牢固关和七盘关。”段远鹏下令。

牢固关离宁强县城只有十四公里，解放军占领大安和宁强县城的消息早已传到驻牢固关的敌新六军五五六团。三天后，吴友奇带部队赶到的时候，五五六团已经溃不成军。吴友奇将牢固关牢牢围住，密不透风。段远鹏和苏绪出发较迟，在县城西三公里的地方，曹廷林的警卫连遇到五五六团位于外线的一个连，警卫连速战速决，仅用了一个小时就将该连迅速歼灭。

像被铁桶围住的五五六团一下断绝了与外界的联系，彻底丧失了希望，不战而降，解放军一下俘获了一千多人。全军士气空前高涨，段远鹏乘胜追击，又行军八公里，到达川陕边界——七盘关。

七盘关山高林密，工事修得非常坚固，宁强境内最后一股国民党正规军残部七十九团二营的战斗力不可小觑，虽然只有一个营，但居高临下，火力凶猛，吴友奇多次正面冲击都无功而返，迫击炮射程又有限，对敌军构不成威胁。

等段远鹏赶到时，战局依旧僵持不下。段远鹏拿起望远镜向山顶瞄去，倒吸了一口凉气。七盘关山崖陡峭，易守难攻，只有正面一条小山路能够上去。

部队一筹莫展之际，山娃子带了个老乡过来，段远鹏打眼一看，面熟却又记不得是谁。那人五短身材，显得身体很强壮，只是头发已经花白。

“师长，你还记得吗？马保长。”山娃子的提醒顿时勾起了段远鹏的回忆，就是那位十多年前一招制服吴友奇的马保长。

“段兄弟，我看你们久攻不下，特地过来帮忙。”

段远鹏一听就乐了，心想这么多身经百战的正规军都攻不上去，你一个保长能有什么办法？不过等到马保长一开口，段远鹏就从心底佩服起来。

“我经常在这儿打猎，七盘关看似只有正面一条路，其实在山后还有一条猎人经常走的小路，不过山道崎岖，而且常有野兽出没，一般人都不知道。”听到这儿，段远鹏眼前一亮：“山后还有一条道可以摸到敌军阵地?”

马保长认真地点了点头。段远鹏一拍大腿，立刻命令曹廷林的警卫连组织敢死队，由马保长带路，从后山迂回到侧后偷袭，吴友奇则率部继续在正面佯攻。

曹廷林和山娃子在马保长的带领下，摸到后山时，天色已暗了下来。敌七十九团二营怎么也想不到解放军会从后山摸上来，夜色中也不知道来了多少人，顿时乱了阵脚。吴友奇抓住机会，趁着敌人首尾不能相顾，也杀过来。解放军前后夹击，又打了一个小时，才全歼了这股敌军，攻占七盘关。拿下七盘关，意味着大军可以直取广元。

这时的宁强城郊附近已没有国民党军的残部，只是在离城较远的山区村镇还有些残兵败将、散兵游勇，惶惶不可终日。姜森牵着那条大狼狗，在山林中昼伏夜出。曹日辉派出接兵的“龙”字部队的二十多个军官，驻扎在县城北关铁索桥坊楼上。大安枪响后，“龙”字部队接兵连的头目肖振中，带领着二十多个军官，连夜携带枪支逃到距县城西南二十多公里的蔡山岭。他们在蔡山岭啸聚山林，招了残兵二百多人，行踪不定，藏匿于深山老林，意图与解放军周旋。

肖振中原是西北军的老人，曾在黎民觉手下干过，在曹日辉的部队里威信极高，好多散兵游勇听说他过来接兵，都纷纷投靠，想依附“龙”字部队遮风挡雨。肖振中得知黎民觉在宁强一带活动，也打算见一见这位老上级。

而此时黎民觉正在成连音处，鼓动成连音立即向国民党动手。

段远鹏将宁强境内的几个重要关隘全部收复后，国民党整建制的部队就剩下阳平关一处了。阳平关地势险要，段远鹏并不打算强攻，况且部队一路打过来，已经非常疲劳。

“你们两人是宁强本地人，这次扮作木耳商人，去阳平关找黎民觉先生，催促成连音动手，为大军解放宁西扫清障碍。这次侦查任务很重要，阳平关形势复杂，你们要随机应变，记住《孙子兵法》上说的，‘兵无常势，水无常形’，遇事要灵活机动，配合好黎民觉先生的行动，并保护好黎先生的安全，千万小心，不可鲁莽行事。”

段远鹏吩咐吴存银、山娃子赶去配合黎民觉。

“师长，我上次跟您去见过成连音，怕是成连音记得我。”山娃子说。

“这点你别怕，就是换作其他人去，以成连音的精明，你们这时去找黎民觉，他能不怀疑？你们木耳商人的身份是瞒其他人的，但瞒不过成连音。”段远鹏拍了拍山娃子的肩膀。

“有鬼见愁在，你遇事多听他的。”

吴存银和山娃子前脚刚赶到阳平关，姜森就带着十多名随从也到了，两批人竟在阳平关前不期而遇。姜森凭着多年的特工经验，一眼就觉得两人不大对劲，一使眼色，吴存银和山娃子就被团团围住。

“你们是干什么的？”

山娃子一惊，本能地想从腰间拔枪，吴存银一把按住山娃子。

“我们是收木耳的，跟成队长合作过多年，这次成队长让我们过来收木耳。”吴存银眯着个眼，用地地道道的宁强方言回答姜森。

姜森的副司令张大拱是阳平关本地人，一听是正宗的本地口音，就朝山娃子打量过去，山娃子被看得直发毛。

“老总，我是牛圈坪的，跟着老板做点木耳生意，我叔叔是马保长。”山娃子主动跟张大拱打招呼。

“我看你们是解放军的探子！”说着，姜森就用拐杖朝吴存银打去。吴存银知道姜森在诈他，就势一滚，一把抱住张大拱的小腿：“这位长官，听口音，您就是宁西这一片的，你可要救救老乡，我们真是收木耳的，不是解放军的探子。”

张大拱见两人口音都是宁西这一片的，放松了戒备，但姜森是个老狐狸，看到吴存银的手掌，起了疑心："张司令，你看他那双手的老茧，一看就是多年摸枪的，可不是一般木耳商人那般简单。这个时候，宁可错杀，也不能放掉共产党的探子。"

姜森从腰间拔出枪，吴存银眼睛一闭，心想：老子自参加红军以来，多次大难不死，想不到回到家乡却要将老命交待在这儿了。

枪声一响，吴存银睁开眼一看，身上竟然丝毫无损。姜森持枪的手被一个五短身材的中年汉子托举朝上，这一枪朝天飞了。吴存银和山娃子都惊出一身冷汗。

来人正是成连音。成连音听说十八绥靖司令部说姜森要来，特地骑马沿着嘉陵江到阳平关外迎接，从远处打眼一看，发现山娃子和一个中年人被一群人围着。他突然想起山娃子是段远鹏带过来的人，心中一紧，马上浮出个念头，要是这两个人在阳平关出了事，将来与段远鹏不仅不好见面，恐怕还会成为死对头。千钧一发之际，成连音快马赶到，托住姜森持枪的手，救了吴存银一命。

"姜司令大驾光临，有失远迎！是什么人惹得您老人家生这么大的气?"成连音连忙向姜森打招呼。

"成队长，这两个人你认识?"

"认识，认识。"成连音打了个哈哈，回过头对山娃子使使眼色说，"还不快滚回队部去!"

姜森见成连音神色尴尬，疑心更加重了，但碍于在人家地盘，不便把事情做得太过，只好狐疑地看着山娃子、吴存银的背影渐渐消失。

成连音在阳平关宴请姜森，酒过三巡，说：“姜司令，大安、县城已落入共军之手，据说七盘关、牢固关也已经不保。现在宁强的重要关隘、道口基本都落入共军之手，只有阳平关共军还无暇顾及，看来下一步，共军就要进攻阳平关了。姜司令，您是贵人，我劝您带兄弟早早离开阳平关，否则共军将阳平关包围起来，可就走不了了。我留下来带兄弟们抵抗共军，坚守阳平关。”

姜森又何尝不知宁强当前的形势，只是阳平关是最后一根救命稻草，他最担心的还是成连音倒向共产党。如果阳平关不保，整个宁西，包括广坪、燕子砭、青木川都危在旦夕，整个入川的门户就彻底打开，共军进军大西南就在眼前，胡宗南精心营造的巴山防线片刻间就会土崩瓦解。

姜森是个老狐狸，深知久留阳平关的危险性，听了成连音的劝，索性顺着他的话：“成队长，你是反共忠义救国军阳平关支队的支队长，是党国的栋梁，我在这儿不便久留，张副司令是阳平关本地人，我留他在这儿帮助你。”

听到这儿，成连音才稍微定了定心。他深知宁强的形势，起义是大势所趋，何况他在段远鹏面前承诺过，黎民觉一直没走，这次段远鹏又派山娃子过来，意图已非常明显。姜森这个老狐狸在这里，一定会坏事，就是为了黎民觉的安全，也要把姜森支走。现在姜森要走，那真是太好了。张大拱一个人在这儿，不足为惧，实在不行再逼他走，为起义扫清障碍。

成连音又塞了不少烟土和银圆给姜森，设计和成志杰演了一次双簧。姜森和成连音商量事情时，成志杰衣冠不整、风尘仆仆地赶到队部。

成连音故意大声呵斥："看不见我们在商量事情吗?！看看你，像个什么，哪有点军人的样子！"

"报告队长，共军主力已经向阳平关方向进发了。"成志杰故意惊慌失措地说。

"组织部队防守阳平关，占领制高点。姜司令，我看您还是先避避，阳平关危险了。"成连音又大喊一声，"来人，护送姜司令一行。"不等姜森考虑，成连音连拉带拽地将他送出阳平关。

张大拱目送着姜森离开，而自己留在阳平关就像热锅上的蚂蚁，又不便时常惊动成连音，就整天催着成志杰编造反共忠义救国军阳平关支队组织名册。成连音部在名义上仍然属于十八绥靖区司令部管辖，成连音不仅是民团头目，还是阳平关镇长，为了应付张大拱，他迅速召集各保长胡编乱造了个花名册，交了出去。张大拱如获至宝，拿到后迅速离开阳平关，去寻找姜森。

张大拱逃跑之时，山娃子和吴存银就在暗处盯着。山娃子已将枪拔了出来，吴存银一把将枪按住，摇了摇头："还不到时候。"

十二

"成队长，现在宁强已回到人民的怀抱，你再没有表现，就会像那些国民党败军一样，性质就不一样了。"黎民觉的几句话说得成连音脸色发白，浑身冒汗。当前的局势，成连音是一清二楚，而且红军当年打土豪、分田地的行动，他再明白不过了。姜森、张大拱可以逃跑，他成连音祖祖辈辈都在阳平关，往哪儿逃？

“黎先生，两位共军兄弟，我成连音早就想公开举起起义的旗帜打国民党，向贵党贵军表明投诚的诚意，只是怕寡不敌众，没有良机。我也难啊！”

正当成连音犹豫不决时，成志杰冲了进来，气喘吁吁地说：“成队长，黎先生，有一股国民党残部要经过阳平关，顺着嘉陵江而下，向四川方向溃逃。”

“多少人？”

“十来个人！”

成连音腾地站了起来，吩咐成志杰：“让所有兄弟到阳平关以西的松树垭埋伏。”

松树垭松林茂密，背山面江，地势险要，是南来北往阳平关的必经之地。

“成队长，等等，十几个逃兵不需要百十号人都去，再说，松树垭山高林密，非常适合打伏击。你还是要防备驻扎在阳平关的国民党正规军，那可是一个团啊，万一他们有什么动静，我们来不及防备。”吴存银一把拉住要往外集合队伍的成志杰。

“这位兄弟说得对。”黎民觉将成连音按在椅子上。

“成队长，我和成志杰带几十个兄弟去松树垭设伏，你留在这儿盯着。”

“山娃子，你陪着成队长，我和黎先生去设伏。”吴存银收拾收拾枪，与成志杰并肩走出院子。

成志杰带着三四十个团丁，在松树垭形成一个弧形包围圈。团丁都是一些乌合之众，没受过专业的军事训练，更没打过仗。黎民觉看到军容不整，心里就不大高兴。十几个敌军进了包围圈，还不等成志杰下令，一个团丁上来就是一枪，射杀了一个。敌军见中了埋伏，掉头就走。成志杰一看不好，急忙带着团丁蜂拥而出，一个好端端的伏击硬是被搞砸了，气得黎民觉大声骂娘。

团丁人多势众，一顿暴冲，俘虏了几个逃兵。吴存银在旁高喊："优待俘虏，不能开枪。"可是团丁哪里会听吴存银的，个个打着小算盘，竟将俘虏全部射杀，杀人夺枪，致使其他本来想投降的逃兵拼命夺路而逃。团丁枪法差，眼睁睁地看着敌兵冲出包围圈，向着嘉陵江方向而去。团丁夺了枪，个个喜气洋洋，可黎民觉和吴存银却是说不出的难受。

回到驻地，黎民觉将成连音一顿臭骂，要他好好整顿纪律。成连音也觉得团丁做得不像话，第二天一早，他集中团丁训话，将在松树垭不听命令的几个团丁捆了起来，每人抽了五十鞭子。

"各位兄弟，我成连音今天决定跟着共产党走，共产党最讲纪律，昨天不讲纪律的几个兄弟我今天已经惩戒了，还有哪个敢再不听命令，老子就不是耍鞭子了，一枪毙了。"

成连音说完，掏出枪朝天放了两枪。团丁们都知道成连音的厉害，再也没人敢公开违反命令。自此，成连音民团的纪律性有了明显的好转。

成连音训话完毕，就有人过来报信。国民党驻在阳平关附近的一个团和“定”字营，惊闻松林垭杀俘夺枪的事情，昨夜拔营逃走了。

成连音一听，大喜过望，原本最担心的事情解决了。黎民觉住在阳平关的这段日子里，一个劲地催促他向附近的国民党军动手，但成连音面对国民党正规军，心里总是有阴影，内心深处何尝不想放手一搏，但这些团丁只能吓唬吓唬老百姓，战斗力如何，自己心里还是有杆秤的。国民党正规军一走，心里的这块大石头落地了，成连音一阵轻松。

成连音不清楚的是，国民党也情报灵通，得知段远鹏大军攻克大安和宁强县城，又相继攻克五丁关和牢固关，下一步肯定是打通阳平关，再加上成连音率众起义已明，阳平关岌岌可危，再不走的话，内外夹击，肯定会被包了饺子，所以才连夜拔营逃走。成连音是个聪明人，这一点却没想透。黎民觉和吴存银是身经百战的人物，对战场上的瞬息变化都非常敏感，两人同时发出一声叹息，两人的想法是一致的，都想让成连音拖住“定”字营和国民党的正规团，进而全歼。怎奈有这么个插曲，导致他们的计划走样。

成连音起义成功，派内弟卢呈瑞和山娃子去给段远鹏送信，请段远鹏接管阳平关。卢呈瑞刚出门，就有一个人急急地回来了。半路上得到可靠情报，国民党略阳县县长兼略阳“反共忠义救国军”司令常飞正带领一支地方部队往四川逃窜，同行的还有“定”字、“庄”字部队两个营的残部。山娃子和卢呈瑞两人一合计，山娃子继续前行去找段远鹏，卢呈瑞则回头去报告成连音。阳平关是入川的必经之路，黎民觉和吴存银极力劝说成连音率部阻击。

但是，成连音的老毛病又犯了，一听过境的人数众多，又畏首畏尾起来。黎民觉火冒三丈，指着成连音说："这个伏击的仗，你是一定要打的，要是让常飞带兵过了阳平关，你就是罪人，你还有脸去见段师长吗?"

"还是我带兄弟们去设伏吧，常飞带的兵多，恐怕不容易吃掉。"成志杰说。

"不，这次我亲自带队去松树垭设伏。"成连音思考良久，冲成志杰挥挥手说。

"成队长，这次设伏地不能放在松树垭!"吴存银看了眼黎民觉。

黎民觉竖起个大拇指："吴兄说了我要说的。"

吴存银见成连音不解，解释说："上次成队副带队在松树垭设伏是对的，但对付常飞则不行。松树垭伏击的是小股敌人，它地盘小，山高林密，有利于包围小股敌人。而常飞有两个营的残部，在松树垭伏击放不开手脚，而且没有开阔地形的掩护，形不成交叉火力，弄不好会被常飞集中兵力反咬一口，那时就被动了。"

成连音听到这话，刚才燃起的雄心一下子像被冷水浇过，抬起头用乞求的眼神看着黎民觉："黎先生，要不，我们就不打了吧？放常飞过去得了。"

黎民觉狠狠地瞪了成连音一眼，瞪得成连音心里直发毛。

吴存银接着说："我说不宜在松树垭设伏，不等于不打这一仗。这两天我出去跑了跑，发现有个地方对付常飞是最合适的。"

黎民觉饶有心趣地说："我也考虑了个伏击地点，这样，你不要说出来，我们都写在手心里，看看谁选择的更合理。"

成连音说："二位二位，这都火烧眉毛了，你们还有心思去做这个，赶快商量个伏击地点，我好带兄弟们去布置。"

黎民觉和吴存银两人都没理他，快速地在掌心写好，伸手一看，两人哈哈大笑。成连音探头一看，黎民觉的手上写着"麻山东麓沱弯里"，吴存银布满老茧的手上则直接写着"沱弯里"。

成连音怎么也想不到会在沱弯里设伏。沱弯里离阳平关较远，向南就到了川陕交界处的麻山。但沱弯里地形极其险恶，南边是大山，山林茂密，便于藏匿，唯一的小路也高低不平，路的侧面是嘉陵江的大片水域。

黎民觉和吴存银不约而同地选择在这里打伏击，因为这里是入川的咽喉，是常飞的必经之路，而且旁边的山峦高低不平，便于布置交叉火力。常飞带的队伍多，在这里形不成规模，从山下向山上又形不成火力优势，被分割出小块，从而可以分而歼之。寒冬时节，嘉陵江水流湍急，形成了天然屏障，使得沱弯里成为一夫当关、万夫莫开的绝佳阻击点。

黎民觉和吴存银都身经百战，而成连音一辈子窝在阳平关，也就是有两条枪吓唬吓唬老百姓，对黎民觉和吴存银的安排根本看不懂，只能将信将疑地带着两三百个团丁来到沱弯里。

现场都是吴存银在指挥，安排挖工事，选择设伏地点，做得井井有条。这一切，成连音都看在眼里，不由得心生感叹：“共产党真的是有人才呀，一个小小的司务长指挥起来，竟能妥妥帖帖，根本没有明显的失误。”

等到设伏完成后，黎民觉和成连音再次强调战场纪律，不准不听命令擅自开枪，不准枪杀俘虏。等到常飞带着“反共忠义救国军”进入包围圈时，已是晌午时分，成连音不停地催促吴存银动手，吴存银一再说等等。看着常飞所部完全进入包围圈后，吴存银才大喊一声：“打!”

顿时，喊声四起，枪声大作。常飞所部本就是丧家之犬，信心全无，只想逃命，哪承想会在将要入川时遭到伏击，部队立刻慌作一团，根本不听常飞的号令，少数敌军被击毙，大多数人撒腿就向南溃逃。

黎民觉拿起枪，领着成连音的团丁冲出工事。吴存银不敢怠慢，他这次和山娃子来阳平关的一个重要任务就是保护黎民觉，见黎民觉跃起，他也冲了出去，不离左右。

常飞向川陕交界处的麻山逃去，黎民觉带着团丁紧追不舍，一直追到麻山脚下。成志杰早就按照吴存银的安排，在麻山脚下设伏，瞬间形成了包围圈。常飞一见无路可逃，只好率众投降。成连音等人本以为是一场血战，却异常顺利地结束了战斗，并缴获了长枪二三十支，机枪三挺、电台一部和一些弹药。

段远鹏见到山娃子，知道阳平关已经解放，随即挥师向宁西进发。部队行进过程中收到电报，在宝鸡回远村整编的南下政工干部已到达宁强县城，正式组建了县委等机构，开始建立政权。同时，上级电令段远鹏师尽快解决宁西民团武装，肃清残敌，解放整个宁西，打通入川通道。

成连音知道段远鹏即将率大军到达阳平关，急令手下上街贴满欢迎解放军的大红标语。群众扶老携幼地走上街头欢迎解放军，段远鹏和苏绪策马进入阳平关，成连音早就领着一帮人在关外迎接。

“成队长，你这次认清形势，弃暗投明，阻击敌人逃兵，立下大功一件，希望你继续为人民立新功。”段远鹏跳下马，握住成连音的手说道。

成连音说：“段师长，我们阳平关还指望你来主持大局呢。”

段远鹏哈哈大笑，苏绪对成连音说：“成队长，现正式授予你们‘中国人民解放军宁西支队’的临时番号，建制不变，阻击中缴获的枪支全部归你部使用。宁西各地在没有建立新政权之前，阳平关以西所有地区的治安，均交由你部负责。”

段远鹏见黎民觉也在，说：“黎先生辛苦了，阳平关和平解放您是首功一件，整个宁西还要靠您继续做工作。”

黎民觉指了指成连音，说：“我们商量，让成队长分别给燕子砭的王文轩、青木川的魏富堂、广坪的李树敏等人各写一封信，以成队长的亲身经历，劝他们认清形势，抓紧时间起义、投诚，听从解放军的调遣。阳平关的事情解决好了，我就回县城，要组建县政府，建立新政权。”

“黎先生，您可能暂时还不能回县城，还有个旧人要你去做做工作。”苏绪笑着对黎民觉说。

“是谁？”

“肖振中。”

“肖振中？他不是在四川吗？怎么会到了宁强？他可是我在西北军的老部下，我对他是有知遇之恩的。”黎民觉皱了皱眉说道。

“黎先生，现在宁强县已没有国民党成建制的部队了，只有一些逃兵残匪，也不成气候。这两天，来县城投诚的敌兵接二连三，唯一成气候的就是肖振中的‘龙’字部队接兵连，而且接的大都是军官。这股势力不解决，恐怕要对新政权形成威胁。”苏绪向黎民觉简要介绍了情况。

“而且大多数残兵听说肖振中来接兵，都纷纷投靠，现在他已经聚集了两百多号人，行踪飘忽不定，在蔡山岭一带活动。”

“肖振中为人比较讲义气，在国民党部队中威信算高的，跟我在西北军有一段交情，那我去会会他。”

段远鹏说：“黎先生，您这次去策反肖振中可能会有危险，我让曹廷林带警卫连去保护您。”

黎民觉哈哈一笑：“段师长，要这么多人去干什么，又不是去打仗。再说了，人多目标大，我就想请吴存银兄弟和我一起去就成了。”

“我这个解放军主力师，你就看中了我们的司务长。”段远鹏笑道。

“我在行伍里混了这么多年，这位吴兄弟足智多谋，是个难得的人才。我这次去会肖振中，就和吴兄弟两个人去。”

“不行，这太危险，您要是有个三长两短的，我们向上级不好交代。”苏绪表示不同意。

“段师长，我二十岁就在西北军里当营长了，枪林弹雨里过来，活得好好的，我福大命大，你们就放心吧！”

段远鹏拗不过黎民觉，牵着自己的那匹枣红马到他面前：“黎先生，这匹马，您先用着。”并一再吩咐吴存银，要保护好黎民觉。

找肖振中不是一件容易的事儿。蔡山岭交通不便，黎民觉和吴存银骑着马，一天到晚在山林中寻找，以图发现肖振中的蛛丝马迹。怎奈蔡山岭山高林密，山一座接着一座，两座山看起来很近，但翻过去却要整天的时间。两人找了好几天，连肖振中的影子都没发现。

两人在山中行走，饿了吃点核桃馍，渴了喝点山泉水，天黑了找个山间的窝棚将就一夜。时值隆冬，窝棚四面透风，寒风刺骨，两人冻得浑身发抖。

“存银，你外号鬼见愁，你说说看，肖振中带着两百多号人躲到哪儿去了，这天寒地冻的，他能往哪儿去呢？”

吴存银抬头看着满天的星星，思考良久，说道：“肖振中是外乡人，对当地地形肯定不熟，两百多人隐藏得这么好，又能解决后勤问题，肯定有内应。”

“这内应是谁呢？应该不是个无名之辈。”黎民觉也觉得吴存银说得在理，但苦于找不到地方。

两人在山里继续转悠，来到一个山洞口，洞口不大，枯枝败叶，挡住两人去路。黎民觉将马拴在一棵树上，朝吴存银点了点头：“今晚我们就在山洞里将就一夜吧。”

吴存银则摆了摆手，轻声说道：“黎先生，你等等进去，我先做个火把探探路，就怕洞里有野兽。”

黎民觉知道吴存银是好意：“我们两人一起进去，也好有个照应。”

两人走进山洞，借着火把的亮光一看，大吃一惊，洞口虽然很小，走过一个狭窄的通道后，里面却有着很大的空间，而且一点都不觉得寒冷。再往前走，是个大水潭，山泉水从山顶渗下来，长年累月，形成了一个极大的水潭。水潭边有条天然的羊肠小道，蜿蜒崎岖，通往上方，只能一个人通行，有些路段只能靠爬行。黎民觉虽然是一把年纪，但童心未泯，手脚并用，三步并作两步走，竟然爬到出口。出口也是许多枯枝败叶，将洞口紧密地围住，外面根本发现不了。

吴存银见黎民觉爬上洞口，也不顾身体疲乏，紧随其后，爬了上去，抢在黎民觉前，用随身携带的砍刀，将封死在洞口的枯枝败叶收拾干净。瞬间，一片光明。两人走到洞外，发现是两座山峰之间的一个非常大的天然平台。再往前走去，到了一片树林，两人正想穿过去，四五个穿着国民党军装的士兵突然端着枪，围了上来。

“干什么的?”

吴存银冲为首的军官笑了笑：“我们去山上砍点柴，路过这儿。”

“胡说八道，你们砍柴怎么会爬上这么高的山？砍柴背上一点背的东西都没有，连根绳子都不带，我看你们八成是共军的探子，抓起来!”为首的军官吩咐几个士兵将黎民觉和吴存银捆得严严实实，押着两人穿过树林。一过树林，顿时豁然开朗，是一片开阔地，有许多国民党的军官、士兵在活动。开阔地后面又是个极大的山洞，山洞前有四五个警卫背着枪守住洞口。

黎民觉被捆得像个粽子，浑身疼痛，勉强走了几步，对身旁押送他的士兵说：“你能不能稍微松一点？我这个年纪能当你爹了，捆得这么紧，气都透不过来。”

“你少废话，马上就枪毙你，那时就不会疼了。”士兵接着狠狠地给了黎民觉一枪托，黎民觉疼得龇牙咧嘴。

这时，从山洞里出来一个身材高大的中年军官，后面跟着一群人，黎民觉纵是老眼昏花，也认识那人就是肖振中，于是扯破嗓子大喊一声：“肖振中，你个龟儿子，快来放了老子!”山洞前的开阔地本来很安静，黎民觉这一扯嗓子，大家都听到了，纷纷侧目看怎么回事。押送的士兵又给了黎民觉一枪托：“喊什么喊，待会儿到阴曹地府有你喊的!”

肖振中听到有人喊他的名字，有点纳闷：初来宁强，熟人并不多，怎么会有人认识自己？走近一看，吓了一大跳，他赶忙过来解开黎民觉身上的绳子，规规矩矩地行了个军礼。

黎民觉扭动着身子，朝押他的士兵伸手就是两耳光。

“你个龟儿子，竟敢打老子，我毙了你。”他抢过枪就要拉枪栓。

旁边的士兵一拥而上，将黎民觉的枪夺了下来。

“黎长官，您息怒，一路辛苦，到山洞里先坐一坐。”肖振中忙不迭地打招呼。

“肖振中，赶紧替吴兄弟把绳子解开。”

“勤务兵，还不快去，赶紧解开，愣着干什么?”

“黎长官，你们怎么会摸到这个荒山僻岭的?”肖振中非常惊奇。

“肖振中，你个龟儿子，为了找你，我们在山中摸了好几天，差点命都送在你这儿了。”黎民觉余怒未消。

吴存银就将偶然找到山洞的经过简单地说了一遍。

肖振中大奇，他们驻扎的山洞在蔡山岭主峰不远，距山顶非常近，周边森林茂密，人迹罕至，很难被发现，山洞外围都布满了暗哨，一般人根本接近不了。下个山差不多要整天时间，而黎民觉从山洞爬上来，只用了个把时辰。

肖振中本想亲自钻下山洞，但看看天色已晚，便将黎民觉二人请到山洞内。山洞里比外面暖和多了，地方也宽敞，天然分割而成的十几个区域，石头作为屏障，互不打扰。主厅里点燃着好多火把，石门外两个士兵在站岗，石门内火光映得主厅内一片通明。

“黎长官，山野郊外，条件简陋，我们多年未见，想不到在这个山上见面，我这儿还有一坛好酒，今晚我们一醉方休。”

黎民觉听到有酒，说道：“好呀，我为了找你个龟儿子，好几天没吃上一口饭了，你吩咐下去，赶紧烧饭。”

时值隆冬，山中的粮食本就紧张，肖振中不知从哪里搞到些熏肉和野兔，几天没好好吃饭的黎民觉夹了一块肉就塞进嘴里，开始狼吞虎咽。

肖振中赶忙给黎民觉碗里倒酒，黎民觉干了一口，清香甘洌，劲道十足。

“好你个肖振中，在这荒山野外还有这上等好酒。”

肖振中憨厚地笑笑，没说话，双手抱起酒坛，又给黎民觉的酒碗里添满了酒。

“肖振中，怪不得你乐不思蜀，原来是躲在深山里过好日子。”

肖振中长长叹了口气：“黎长官，你是不知道我的难啊！四川‘龙’字部队派我们二十多个军官来接兵已经有两天了，后勤补给不到位，让我们在山中游荡，残兵败将都来我这儿，这两百多号兄弟，总要为他们谋个出路……”

“出路，你窝在大山里，就有出路了？你知不知道当前的形势？”黎民觉没等肖振中讲完，就打断了他的话。

“黎长官，我知道，现在宁强除了阳平关和宁西以外，其他地方都落到共军手中，几乎重要关隘的国军都被共军吃掉了，五丁关、大安、牢固关、七盘关，这么多险峻的地方，共军不费吹灰之力就一一攻克，想想真是心寒。”

黎民觉冷笑一声：“肖振中，你在西北军跟了我多年，换作别人，我也不会披星戴月地在山里走好几天，为了找你个龟儿子，差点把老命都送掉。我提醒你一句，阳平关的成连音起义了，国民党驻守阳平关的一个团和‘定’字营已经逃走，解放军已经正式接管阳平关了。”

肖振中腾地站起，双手颤抖，手上酒碗里的酒也泼了出来。

“阳平关失守了？”肖振中的恐惧之色溢于言表，在座陪黎民觉喝酒的几个军官面面相觑，寒意由心头升起，不知是天气冷，还是酒寒，抑或是由于听到这个消息。

“诸位，大家都是行伍出身，阳平关的作用就不用我多说了，你说你们两百多号人，一百多条枪，想从共党的阳平关通过入川可能吗？你们的战斗力能和牢固关、七盘关的正规军比吗？那些正规军还不是被共军三下五除二就解决了，更何况你们这些残兵败将。”

黎民觉说得在座的几个国民党军官面红耳赤，好在几杯酒下肚，脸红也没人发现。

“各位兄弟，宁强的冬天难熬啊，你们两百多号人，要想度过这个冬天，得多少粮食？谁来给你们支援？到时走漏消息，给共军主力包围了，可只有死路一条。”

黎民觉一席话，说得在场的军官灰心丧气，个个如丧考妣。

正当大家低头暗自思量时，坐在最末位的一个军官站了起来，将酒碗一摔，拔出枪指着黎民觉说：“你是什么人，是不是共党的说客？竟敢到这儿动摇军心！”他又转身朝肖振中说：“肖司令，毙了他。”

肖振中大喝一声：“放肆！黎长官是我在西北军的老长官，快把枪收起来。”

那个军官哪听肖振中的，继续用枪指着黎民觉。

黎民觉面不改色，依然不紧不慢地喝着酒，斜着眼睛瞄着那个军官：“你是从哪儿冒出来的？老子在西北军混时，你还穿开裆裤呢！”

“快坐下，将枪收起来。”肖振中大声喝道。

那个军官已经将枪的保险打开，就听一声枪响，没等他扣动扳机就应声倒地了。坐在对面的吴存银见情况不妙，抢过身旁军官的佩枪，抢先将那个军官击毙。山洞内登时一片大乱，一群军官拔枪包围了吴存银。

肖振中站起来，大喊一声：“我还没死，该干什么干什么，不要乱！”他随即吩咐门口两个站岗的士兵，将尸体抬出山洞外埋了。

好一会儿，山洞里才渐渐恢复了平静。

肖振中继续抱起坛子给黎民觉加酒，黎民觉端起酒碗一饮而尽，长出一口气：“这人是谁？哪个部队的？”

“是姜森安插在我这儿的，其实是监视我。”肖振中端起碗喝了一口酒。

“姜森？”黎民觉觉得问题有点复杂。

“我们这儿的给养目前都是由姜森供给的。”

“振中啊，我给你指条明路吧。”

“黎长官，我从西北军干起就跟着你，你说吧。”

“你是个聪明人，现在的形势你很清楚，你就学成连音起义，带着你的人向解放军投诚，这是你唯一的出路。”

在场的军官都沉默不语。肖振中沉默了半晌，说：“就怕共军不接纳我们。”

“这个嘛，振中，你不要担心，包在我们两个身上，这位吴兄弟就是解放军。”

吴存银几口酒下肚，眼睛眯得更加细了，站起来说：“各位兄弟，只要投诚，我们解放军欢迎你们！我给大家吃个定心丸。”

肖振中抬起头，看看黎民党，说：“黎长官，今天不早了，你们二位一路辛苦，就在这个山洞里面将就一晚。关于投诚的事，我得与兄弟们商量一下。黎长官，你看呢？”

话说到这一步，黎民党也不便再说什么，点了点头。

肖振中冲着在座的军官喊了一声：“不早了，大家都散了吧！明天我们再议！”

等到众人散去，石门内只剩下黎民党和吴存银。肖振中说：“黎长官、吴兄弟，今晚你们二位就跟我睡在一处，也便于我做好保卫。”

“好，客随主便。”黎民党说道。

三人均是一夜无眠，黎民党和肖振中聊了一夜，两人从西北军聊起，聊到国民党的腐败和当前陕南的形势。黎民党详细地给他分析了利弊，促使肖振中下定决心。

第二天清晨，肖振中集合队伍。肖振中郑重介绍了黎民觉和吴存银，并请黎民觉和吴存银讲话。两人宣传了共产党在全国、在陕南军事和政治上的大好形势，以及解放军缴枪不杀、立大功受大奖的政策，两百多人在下面议论纷纷。

“肃静，我肖振中和‘龙’字部队接兵连的兄弟决定向共军投诚，姓肖的不勉强其他部队的兄弟，愿意跟我们走的，只要我姓肖的有口饭吃，绝饿不着兄弟；不愿跟着我的，来去自便，留下武器，随时可以走。”

肖振中话音刚落，人群中一片哗然，原来想依附“龙”字部队遮风挡雨的国民党残兵顿时慌了神，部分士兵扔下枪默默地离开，向山下走去。

黎民觉对肖振中说：“振中，你做了个正确的选择，我和吴兄弟回去找段师长，你这边抓紧准备接受改编。”

黎民觉和肖振中约定五日后上午，在二道河以西艾家沟桂花树下接受改编。

黎民觉和吴存银原路返回，下山时一身轻松，两人在山洞里边走边聊，没多久就到达了洞口。两匹马依然拴在树上，一见主人回来，前蹄跃起，一阵长嘶。两人飞身上马，一路向阳平关奔去。

五日后，段远鹏和苏绪、吴友奇等人早早地在二道河桂花树下等待。不一会儿，肖振中带领着一百多号人来到二道河（何家院子）。段远鹏征求了肖振中的意见，将所有人员，不论官兵均编入吴友奇营。

至此，宁强已没有国民党正规军，接下来的任务就是收复宁西，解决民团武装。

十三

自骑二旅走后，魏富堂一直忧虑时局，坐立不安，先是王文轩来信说："阳平关以上交通断绝。可能大安、宁强一带已被共军占领，形势十分严峻，要早做裁处，以防万一。"魏富堂看到这封信后更加惊慌。

魏富堂回到魏家大院已是傍晚，大小五个老婆分别住在二楼五个不同的房间，而他最宠爱的小老婆则住在柴房，紧挨着他母亲的房间，他母亲的房间有一道暗门直接通往他小老婆的房间。魏富堂的三姨太和四姨太是亲姐妹，见到他回来，姐妹俩就迎了上来。要是换在以前，魏富堂早就左搂右抱地回房间了，可今天心思全无，根本无暇应付两个姨太太。魏富堂使劲一甩手，将两个姨太太推在走廊上，头也不回地径直去了母亲的房间。

三姨太和四姨太有她们的小九九，自从二姨太给魏富堂添了儿子后，在大院里说话的口气都不一样了，还搬到了最好的厢房。魏富堂大喜之下，还特地吩咐木匠在二姨太房间的窗户上雕刻了象征多子多福的葡萄图案。三姨太、四姨太每次走过那扇精雕细刻的窗户前，心里都有种说不出的不自在。

魏富堂的母亲正在佛像前念佛，看到儿子回来，就像没见到一样。魏富堂轻手轻脚地穿过佛堂，打开那道暗门，径直来到五姨太面前。五姨太是个冷美人，平时喜怒不形于色，见到魏富堂进来，也没打招呼，依然神色平静。魏富堂一把抱住五姨太，将她重重地扔到床上，接着将五姨太胸前的衣服用力一扯，一对精致结实的小白鸽就弹了出来。魏富堂满意地用力捏了两把，五姨太皱着眉，强忍着痛楚。

魏富堂乘势而上，将五姨太的衣服剥得干干净净。五姨太洁白的皮肤泛出青光，冻得瑟瑟发抖，就想往被子里钻。

魏富堂一把扯掉五姨太身上的被子，像看猎物一样看着身材姣好、一丝不挂的五姨太，随即三下五除二地将自己也脱光，扑到五姨太身上。短暂的激情暂时缓解了心情的紧张，但他从五姨太身上下来的时候，却感到无限的空虚和恐惧，刚才那种占有的快感瞬间消失，心思仍回到王文轩的那封信上："早做裁处，以防万一。"这八个字就像八根针一样扎在他的心上。

五姨太拉过一床被子，盖在魏富堂的身上。魏富堂却从床上爬起来，急匆匆地将衣服穿整齐，冲到楼下，见徐种德在值班，说："种德，集合队伍，晚上去魏家坝，有重要任务。"

团丁也听说了解放军打过来的消息，当即料到要连夜撤退，便匆匆收拾了铺被，带上武器，举着火把，齐聚魏家坝。

魏富堂站在高处，徐种德和刘加三分立在左右。魏富堂清了清嗓子："兄弟们，大事不好！街以下的自卫队官兵在魏家坝集合，街以上的在莫家田坝会齐，连夜都要撤进西沟，总队部就驻扎在血台山。"

刘加三发现魏富堂虽然说话的声音平静，但他的眼神却是慌乱的，可见魏富堂在强作镇静。魏家坝新老院子里都挤满了人，提灯点亮，忙着铺滑竿、备骡马、捆背篮、卷铺盖，忙作一团。魏富堂心事重重，领着一干团丁一夜跋涉，直到黎明前才停下来。团丁们一夜未眠，个个叫苦不迭。

几百号人住在山上，吃喝拉撒都是问题，魏富堂和团丁们度日如年，人心浮动。魏富堂没事就抓着刘加三下棋，第一局，刘加三双车错；第二局，刘加三小卒逼宫，魏富堂连输两局；到第三局时，要不是徐种德在旁边指点了一下，魏富堂又要败下阵来。这几天，青木川镇上的消息不断传来，不是宁强解放了，就是国民党军队全面溃败，听得魏富堂从前心凉到后背。魏富堂不等棋下完，将棋盘一推，传令加强西沟各隘口、后山和龙王坪的防守，不准任何人随意进入，如无总队部的路条，不管是谁一律不准通过，官兵都要加强警戒，人不离枪。

魏富堂对刘加三、徐种德说："二位，看共军来的是文的还是武的，事到如今，我们只好文来文对，武来武答。"

刘加三凑过来，缓缓道："魏老爷，宁强县城、大安、五丁关、七盘关、牢固关这么多国民党正规军依靠天险，都敌不过共军，你说我们这几百号人，这点战斗力，别人不清楚，我们心里还没数吗，能和共军武答吗？"

刘加三的一席话说得魏富堂脸色铁青。刘加三话糙理不糙，仔细想想，自己的那点战斗力估计塞共军牙缝都不够，真要交起手来，能坚持一个时辰，就谢天谢地了。

魏富堂焦躁不安，说："那怎么办？怎么办？难道我们把脖子送给共军，让他们砍一刀！"

刘加三正想说话，阳平关的成志杰过来送信，虽然天气寒冷，但他满头是汗，一边走一边不停地抱怨："魏团总，放着青木川好好的不待，偏要到这山上来，害得我多跑了许多山路，可累坏我了。"

魏富堂一见成志杰，连忙挪动着肥胖的身躯，从椅子上站起来："成队副，阳平关不是落到共军手里了吗？你逃出来了？我还当你被共军枪毙了。"

"呸呸呸，晦气，我怎么会被共军枪毙呢？我这不奉成连音队长的命令，来给您送信嘛。"

魏富堂急忙从成志杰手里接过信件，递给徐种德："种德，念。"

徐种德展开书信，念道："大局已定，宁强县城已解放，足下尚坐守深山，不作临危应变之计，是失策也！我已反戈一击，立功以赎罪，为弃暗投明略效微劳以表寸心，作为进身之阶。良禽择木，贤臣择主，足下治化多年，老谋深算，当较我更察此义也。苟不立功自赎，抑或不奉书请降，尚钓台高坐，贻误良机，如一旦有变，机生莫测，则悔时亦晚矣。书不尽完，请三思之！"

魏富堂听徐种德念完，脸色大变。

"成队副，成连音向共党投诚了？"

"魏团总，说来也巧，共军收复宁强的最高长官跟我们成队长是故交。”

魏富堂一听这话，艳羡不已：“你们成队长认识共军的最高长官?”

“十多年前，段长官路过阳平关，我们跟他有过一面之缘。”

“那成队副能否为我代为引见?”魏富堂凑到成志杰身边。

“魏团总，您说笑了，我哪有这个能耐？段长官现在是宁强的最高人物，统帅着数万大军，可不比当年。再说，具体投诚的事情，都是成连音队长和黎民觉老先生谈的，段长官可不管这些小事。”成志杰一口回绝了魏富堂，但将黎民觉与成连音谈判的过程，详详细细地向他说了一遍。

“黎民觉，这个名字耳熟啊！黎民觉，黎民觉。”魏富堂原地走了个来回。

刘加三说道：“黎民觉，我熟。魏老爷，还记得你从汉中回来，我说介绍个大名鼎鼎的人物给你认识，你说要接待国民党的要员，没与此人见面。”

“你说的那个大名鼎鼎的人物就是黎民觉？他来过青木川?”

“黎先生来青木川拜访魏老爷，可是你忙于接待国民党要员，所以黎先生失望而去。”

“真是失之交臂，失之交臂，可惜可惜。”魏富堂一边走，一边搓着手，“刘校长，能否再修书一封，请黎先生来青木川盘桓两天，也为我们支支招?”

“成队副，黎先生现在人在不在阳平关?”刘加三问成志杰。

“刘校长，黎先生和段师长去了二道河。”成志杰说。

刘加三说："成队副，我赶紧修书一封，拜托你赶紧找到黎民觉先生，务必请他不辞劳苦，来青木川一趟，魏老爷要和他面谈。这封信意义重大，您一定要亲自交到黎先生手上，拜托拜托！"

刘加三找来纸笔，饱蘸浓墨，不一会儿，一封书信就完成了。魏富堂装模作样地看了一眼，交给了成志杰，说："种德，去给成队副取点烟土和大洋。"

成志杰连连推辞，将书信揣到口袋里，转身下山。

魏富堂目送成志杰下山，直到背影消失在山峦的尽头，他才带着刘加三、徐种德到西沟口各个关隘转了一圈。

"刘校长，成连音这个老小子倒会审时度势，看来共军来了，只有投诚才是上策。种德，传令下去，整队，我要训话。"

校官服根本包不住魏富堂肥胖的身子，一双浮肿的眼睛盯住团丁，声音沙哑："宁强已经被共军攻占了，共军已顺着公路下了广元，我们青木川这个穷山沟不是兵家必争之地，今天回去后就解散回家，等候消息，但必须安分守己，不能外出乱窜，不能趁火闹事，谁要是胡作非为，一定从严处治。几十年来，我遇到不少风险，但都化解了，滩再陡也挡不了我的船！大家放心，将来一定会风平浪静，平安无事的。现在整队下山，到青木川以后，全部解散回家，听候命令。"

魏富堂回到青木川大院，一上楼，就见到二姨太抱着孩子在整理衣物，问："这大冬天的，你收拾衣物干什么？"

二姨太看到魏富堂回来了，心中一惊，脸色就有点尴尬。魏富堂也不管她，径直就往院子深处走去，看到几房姨太太都在收拾东西，心里就明白了。夫妻本是同林鸟，大难来时各自飞。敢情这是要提前做准备，他的心中油然生出一丝悲凉，大喝一声：“你们在干什么？我还没死！共军还没打过来，你们现在就开始做准备了?!”

自魏富堂带着团丁上山后，几房姨太太惴惴不安，又听说共军打到了阳平关，个个如惊弓之鸟。看到魏富堂回来，似乎又找到了依靠，个个都奔了过来，问长问短。魏富堂一个都没理会，下楼奔到议事厅，吩咐卫兵将刘加三、徐种德、魏老大和几个中队长都叫过来。

“刘校长，这个黎民党他会到青木川来吗?”

“魏老爷，您放心，如果黎民党能看到这封信的话，我保证他会来。”刘加三信心满满。

“那他能代表共产党吗?”

“魏老爷，这个事情嘛，我也说不准，你看看阳平关的成连音不就清楚了?”

魏富堂用眼光扫了下众人：“各位，青木川现在面临着生死存亡，你们都说说，是投诚，还是咋的?”

“共产党打土豪，分田地，‘共产共妻’，我怕我们投诚后，共军正好灭了我们。”中队长魏震袁说道。

几个中队长随即附和起来：“还不如和共军干一仗，大不了躲到山里去。”

“这也正是我最担心的，震袁说得有道理。”魏富堂看了看沉思中的徐种德，“种德，你怎么不说话？”

“魏老爷，俗话说知己知彼，百战百胜，我们摸不清共军的底细，就贸然交手，恐怕不是好事。再说，躲到山里，共军就找不到了？何况这又不是一两天的事，这么多号人在山里喝西北风，行吗？”

“种德说得对，我看还是和黎民觉谈了，再做决定不迟。”

此刻，刘加三还不能暴露身份，他现在最期盼成志杰赶紧把书信送给黎民觉，让党组织做决定，尽快派黎民觉到青木川主持大局。

“刘校长和种德分析得有理，我们等黎民觉来了再说，现在抓紧做好谈判的准备。”魏富堂拍板。

刘加三终于等到了黎民觉。这次仍然是吴存银和黎民觉两人搭档。黎民觉骑着那匹枣红色的宁强矮马，还没来得及休息，就被刘加三请到魏富堂的那座大院子里。

“黎先生原先在西北军当大官，后来退伍经商。他的夫人是宁强南街李家花园的人，青木川当年在玉小读书的几个学生都是认识的。黎先生交际广泛，军界、政界交游极广，同共产党也有很深的交情。”

魏富堂热情接待，但初次见面，双方只是泛泛而谈，聊些时局和生意上的事情。双方都小心翼翼，刻意回避正题，魏富堂天天酒宴，烤鱼、山货、野味，盛情款待。

过了几天，在魏家坝，魏富堂又设宴，宾主尽欢。黎民觉通过这几天的接触，基本摸透了魏富堂的为人和思想动态。双方酒喝得差不多的时候，黎民觉觉得时机成熟，直接进入正题："国民党灭亡，新中国成立，现在大局已定。宁强已经解放了，像魏总队长这样的武装力量，应该主动同县上取得联系，为将来开拓局面奠定基础。"

魏富堂猝不及防，想不到黎民觉会单刀直入，怔了一怔，说道："民国24年中央军路过这里，说共产党最爱杀人、放火，特别是对有钱、有势、有枪杆的一个都不留，老百姓都害怕，又说共产党'共产共妻'，没收东西分田地，现在政策咋样的，我不清楚，而且很怀疑，所以举棋不定。"

黎民觉端起酒杯，哈哈大笑，先和魏富堂干了一大杯酒，说道："那是国民党的反动宣传，得人心者得天下，要真是那样，全国人民能拥护共产党？蒋介石的几百万军队不是都被打垮了吗？全国都要解放了，你不要相信那些鬼话。别再犹豫了，拿稳主意。段师长告诉我，新的县政府已经成立了，来了六十多名南下干部，你还是赶快和县政府接上头，交涉投诚的事情，立于先机，将来就好办多了。"

魏富堂听了连连点头："还请黎先生帮忙，我再和兄弟们商量一下。"

黎民觉听到魏富堂这么一说，就继续喝酒。

一身酒气的魏富堂赶到议事厅，吩咐警卫将刘加三、徐种德、魏老大和各个中队长全请来。

“今天，黎民觉让我去县上投诚，各位有什么高见?”

“我看派个人去县上交涉，先看看动静。”魏老大先开了口。

“凭什么让我们去县上?让共党派人到我们青木川商量，不行我们就杀过去!”魏震袁话还没说完，就被魏富堂狠狠地瞪了一眼。

“种德，你看呢?”

“我看先让黎民觉回去，再看看燕子砭的王文轩和广坪河的李树敏的行动，然后再说。”

魏富堂点了点头：“种德言之有理！刘校长，你说怎么办?”

“要我说，三挨四靠，倒了锅灶，还看什么，马上就到县上去交涉。”

魏富堂借点酒劲说道：“还是刘校长高见，就请大哥和种德去县上交涉，我们现在就去找黎民觉。”

一伙人蜂拥着魏富堂到黎民觉处，黎民觉酒喝得很尽兴，正在酣睡，徐种德摇了好几次，他才醒来。魏富堂把来意一说，黎民觉直摇头：“事关重大，魏总队长必须亲自前往，既可以向县上表示自己的真心诚意，还可以一气呵成办好事情。”

“这个……”魏富堂顿时愣在那里。

黎民觉来之前早就做好功课，也早就料到魏富堂会有顾虑：“魏总队长要是相信我黎某人，我就陪你走上一趟，我用人格担保，负责安安全全地将你送回来。”

魏富堂愣了半晌：“我再和兄弟们商量一下。”

魏富堂是不轻易离开青木川的，一生之中离开青木川也只有区区几次。上一次离开，是接受曹日辉的邀请去汉中，曹日辉给足了面子，用小车到大安来接他。这次去宁强，魏富堂说什么也不愿意。可是不去宁强，会有什么严重后果？魏富堂一路犹豫。晚上回到大院，他先去母亲房间里请安。老太太礼佛完毕，正坐在那儿和五姨太聊天。魏富堂说了两句话，就来到二姨太的房里，儿子生得像他，虎头虎脑，穿着一身绸缎小棉袄。孩子刚刚会跑，在二太太房间跑来跑去，看到魏富堂进屋，跑到他的身边。魏富堂一把将孩子抱在怀里，还在想到底要不要听黎民觉的，心中摇摆不定。他在孩子的口袋里摸到一枚铜钱，是枚康熙通宝。魏富堂心中一动，紧紧握住铜钱，将孩子轻手轻脚地送到二姨太手中，走出房间下了楼。

底楼大厅里灯火通明，徐种德在值班，正襟危坐在桌前写着什么。四个警卫在门前站岗。

魏富堂跨进房间，咳嗽了一声，徐种德将笔放在笔架上，起身打了个招呼：“魏老爷，这么晚，您怎么来了？”

魏富堂伸手示意徐种德坐下：“种德，我出来走走。你说宁强县城这一趟，我去还是不去？”

“我说你不要去，可是黎先生坚持要你去，要知道，他可是谈判的关键人物。”

满面愁容的魏富堂没有说话，透过窗子，看到青木川在群山之中，寂静安宁，满天的星光均匀地洒在院子里。魏富堂长长地叹了口气，那枚铜钱在手上掂来掂去：“种德，还是让天意来决定，如果三次都是正面，我就去；只要有一次是反面，我就不去。”

魏富堂将铜钱抛起，第一次落在桌上，两人凑近一看，“康熙通宝”四个字分外显眼。

第二次，魏富堂将铜钱高高抛起，铜板落在桌上转个不停，两人等铜板落定一看，仍然是正面。魏富堂的脸色很难看，徐种德连大气也不敢出。

魏富堂索性闭上眼，将铜板抛得更高，铜板落在桌上，打着转，又滚到了地上，转了几圈，才停了下来。两人凑近一看，还是正面。

徐种德看魏富堂的脸色更加难看了，说：“魏老爷，掉在地上不算数的，要么再抛一次？”

魏富堂从地上拾起铜板，跑到桌前，又抛起，屋内屋外静悄悄的，铜板落下发出一声脆响，在两人心上都震了一下。两人凑过去，铜板在桌上转了几转，停在桌上，仍然是正面。

魏富堂长叹一声，将铜板拾起，在手心里擦了又擦，缓缓装进长衫口袋，也不和徐种德打招呼，挪动肥胖的身躯，向院子深处走去。

魏富堂和黎民觉动身前一天，魏震袁在回龙场老街设宴，给魏富堂一行践行，席间气氛热烈。魏富堂端起杯子，对隔座的黎民觉说：“这次同黎先生到县上，舍命陪君子。不过，我听国民党的军队说，共产党不讲仁义道德，走到哪里，哪里鸡犬不留，就连吃饭也要管，谁吃好的还派人去监视，那也未免太刻薄，太过分了。”

黎民觉哈哈大笑：“魏总队长，你是听信反动谣言了，许多人同样上了国民党反动宣传的当，事实完全不是那样，他们骂共产党是‘共匪’，其实他们自己才是匪。”

黎民觉说完，又和魏富堂连干三杯酒，风趣地说：“今天的饭菜很香，大家放心大胆地吃，一定没有闻香队来闻香。”席间众人哄堂大笑。

次日，魏富堂带着徐种德、刘加三和几个保镖与黎民觉策马而行，吴存银在最前面开路，黎民觉和魏富堂走在队伍的中央。行至韩家垭，魏富堂突然下马。一行人见到魏富堂下了马，也纷纷跳下马来。

“种德、刘校长，我们回去，这次不去了。”魏富堂说。

黎民觉大吃一惊，早就听说魏富堂狡猾多疑，想不到如此善变，走到半路就要回头。黎民觉对魏富堂说：“魏总队长，不急不急，我们先休息一下，再商量。”

“一路上我思来想去，现在去不合适，回去联系广坪河的李树敏和燕子砭的王文轩，我们再一同去。”

黎民觉抓住魏富堂的手，说：“魏总队长，你知道的，燕子砭和广坪河，共产党也派人去了，但是青木川，共产党对你高看一眼，让兄弟我亲自来接你去县上。如果你能先他们往前走一步，他们就会迅速行动起来，说不定这时候他们就已经在县上了。”

黎民觉几句话一说，将魏富堂定在那里，走也不好，回也不妥。

刘加三走近魏富堂："魏老爷，已经出来了，就去看看县上到底想做什么，不行的话，再回也不迟，此刻回去，倒会落个笑柄。"

魏富堂咬咬牙，翻身上马，一言不发，跟着吴存银在莽莽山岭里行走，向县城方向行进。

十四

段远鹏设在宁强的临时指挥所就在县政府旁边，作战地图上所有的红色箭头都指向四川成都。不仅段远鹏所在的师是这样，附近其他解放军部队的军事作战地图上的红色箭头也都指向成都。由陕入川，宁西是必经之路。胡宗南部败退入川，解放军追击，宁西各个关隘就成了真空地带。薛之文受党组织委派来宁强当县长，虽然来了很多南下干部，但他清醒地意识到，宁西并不太平，需要有部队斗争经验的得力干部去宁西工作。所以，当他第一次见到段远鹏时，就向段远鹏和苏绪要人。

"段师长、苏政委，我这个宁强县长要向部队求援，希望你们二位能支持个智勇双全的猛将，去宁西当区长和武工队长，坐镇青木川，统管阳平关、广坪、燕子砭。"

段远鹏问苏绪："政委，你说谁去合适？"

"我看鬼见愁吴存银去最合适，他是宁强人，又是老革命，足智多谋。"

"政委，我们想到一块儿了，我打算向地方支持三个人，吴存银、曹廷林和山娃子。吴存银和山娃子都是宁强人，回家乡开展工作更方便。”

“曹廷林是你的警卫连长，你派他去，谁来保护师部安全？”

“保卫工作不打紧，再选择合适人选。正因为对地方工作重视，我才派警卫连长前去支持薛县长。”

苏绪随即详细地向薛县长介绍了三个人的情况。

“正好要向师长、政委报告黎民觉和魏富堂来县上谈投诚的事情，二位领导能否一起接见？”

“政委，黎民觉老先生还真是厉害，先是策反了成连音，现在又把魏富堂争取过来了，我们去见见这个宁西一霸？”

“好啊！我们去会会这个魏富堂。”

魏富堂在刘加三和徐种德的陪同下到了县政府门口，因为风雪交加，魏富堂掸了掸身上的雪，才走进县政府大门。两旁站立的士兵扛着陈旧的步枪，土蓝色的棉军装配上圆头布鞋，毫无一点威武之感，甚至显得有些邋遢，要不是一副绑腿，简直连个兵的样子都不像。想到去年，曹日辉用车将魏富堂接到十八绥靖区前，是怎样的气焰熏天，想不到短短一年的时间，共产党就凭这样的兵，将国民党的精锐部队打得稀里哗啦。魏富堂一声叹息，在黎民觉的陪同下，走进了县长的办公室。魏富堂打眼一看，屋里一张桌子，几张木椅，仅此而已。但木椅上坐的几个人却不一般，魏富堂首先和段远鹏眼神对接，心中一紧，只见他大马金刀地坐在那里。魏富堂阅人无数，一眼就知道段远鹏不是一般人物，虽然衣着破旧，但难掩英气，他顿觉有一种无形的压迫。这时，黎民党将在座的几个人一一向魏富堂做了介绍。

魏富堂冲薛县长一抱拳：“拜见来迟，钧座包涵。”

薛县长顺手将一把椅子拉过来，亲切地说道：“魏先生能够认清形势，率先投诚，我党和政府是欢迎的。”

“鄙人乃一介村民，蒙贵党不弃，深感于怀，二十多年来，只知道造福桑梓，兴利除弊，不图富贵，只为后世，不周之处，望多赐教。”魏富堂说完后，偷偷看了看各人脸上的神情。

薛之文点了点头，对着魏富堂说：“魏先生的底细，我们略知一二。我党对于国民党军政人员的政策是明确的、一贯的，即弃暗投明，不分先后，放下武器，既往不咎，想必魏先生有所耳闻吧？”

魏富堂皱了皱眉，对薛之文的话显然不满意。几十年，魏富堂的脸总是拉着给别人看的，包括历任国民党县长，想不到今天要仰人鼻息，一种压抑感让他浑身不舒服。魏富堂问道：“请问钧座，自卫总队，是遣散、收编，还是另立名义？”

薛县长停了很长时间，对魏富堂说：“你回去以后，立即将全部所属的人员、枪支、马匹及其他物资，清点造册，要求是不能漏掉一人一枪，然后择定时间，到县集训。”

一席话说得魏富堂从前心凉到后背，脸色随即一变。

魏富堂脸色的变化没能逃过屋子里几个人的眼睛。

“魏先生，这可是你立功的好机会，千万不要错过！”黎民党说。

“魏某谨记。”

段远鹏冲门外喊了一声：“都进来吧！”

吴存银和曹廷林推开门走进屋内，吴存银陪同黎民觉去青木川策反魏富堂，两人已打过多次照面。魏富堂初见吴存银进来，也没多想，等到薛县长宣布吴存银任青木川区的区长时，他才大吃一惊。他原以为吴存银只是黎民觉的一个随从而已，不显山不露水的，在青木川这么长时间，从没正眼看他，想不到也是共军的一号重要人物，代表共党来管理青木川的，怕也不是什么善茬儿。想到以后要和吴存银打交道，魏富堂急忙上前抱了抱拳："吴长官，您在青木川期间，我有眼不识泰山，照顾不周，望您见谅，今后您就是魏某的父母官，还请您多多照顾。吴长官来青木川，人地两生，如蒙不弃，就在敝堂下榻如何？"

薛县长对魏富堂说："魏先生，想必吴存银同志你也不陌生，这次组织委派他驻青木川，负责整个宁西，一来你要协助他工作，二来，更重要的是，你要保护他们一行的安全。"

"这是分内之事，魏某一定竭尽所能。"

魏富堂离开之前，下意识地看了看段远鹏。段远鹏目光锐利，魏富堂顿生寒意，告辞出去后，好久不说一句话。刘加三和徐种德跟在身后，也默不作声。

"共军不好对付，国民党从来都没想解除我的武装，看来我们投诚这条路走得恐怕有大麻烦，我们怕是被黎民觉这个老家伙骗了。"魏富堂自言自语，刘加三听后，心里一紧。

刘加三看着满天飘舞的雪花，远处的群山银装素裹，回头看看心情烦躁的魏富堂，说道："魏老爷，我当这个校长，教孩子读书，其中《大学》里有句话说得好：‘知止而后有定，定而后能静，静而后能安，安而后能虑，虑而后能得。’这句话真是说得好！”

魏富堂幼时也读过几天私塾，不过顽劣不堪，不肯专心念书，在私塾里只是打纸牌、掷骰子。启蒙老师姓郭，魏富堂就给郭老师编了个歌谣：“郭道本姓郭，讨个尼姑婆，三天来送饭，两天来送馍。”后来，他把郭老师气走了。之后，他又跟私塾老师李浩元读《百家姓》，李老师给他们弟兄教“赵钱孙李”。李老师解释说：“赵就是你爹床上挂的那个罩（赵）子，钱就是你妈买东西用的那个钱，孙就是孙子的孙，李，我不就姓李吗？”魏富堂又编顺口溜：“爹的罩子妈的钱，爷爷的孙子李浩元。”

李老师刚进教室，孩子们就齐齐地念起魏富堂编的顺口溜，李老师问清缘由，狠狠地打了魏富堂一顿板子。

魏家三兄弟又爱跟同学打架闹事，不守规矩，只读了两三年就丢下书本，寻事游荡去了。《大学》里的这段话，魏富堂依稀听说过，但不知道是什么意思。

“刘校长，这段话什么意思？”

刘加三对徐种德说：“种德，你解释给魏老爷听听。”

徐种德掸了掸身上的雪花：“魏老爷，这句话的意思应该是这样——‘知道应达到的境界才能够志向坚定，志向坚定才能够镇静不躁，镇静不躁才能够心安理得，心安理得才能够思虑周详，思虑周详才能够有所收获’。刘校长，是这么个意思吧？”

刘加三含着赞许的目光向徐种德点了点头：“魏老爷，天下大势是不可逆的，青木川是您的天下，而共产党的实力您是最清楚的。想要达到什么样的境界，什么样的结果，您心里是最清楚的，种德和我都不能僭越。既然投诚目标定了下来，就不要再三心二意了，心安理得地思虑周详，最终才能有所收获。”

魏富堂听了刘加三的劝说，在似懂而非懂之间似乎心里稍微舒服一点，长叹了一口气，艰难地吐出两个字：“缴枪。”

十五

魏富堂接到成连音信的时候，李树敏也接到了成连音的信，而五婆婆柳芳就在身边。不过，黎民党没有亲自去广坪河，这也可能为宁西今后的血雨腥风埋下了祸根。姜森前两天刚刚来过，和柳芳密谋了很久，想不到汉中的守军兵败如山倒。

“成连音、魏富堂已经向共军投诚了，燕子砭的王文轩也保不住，现在我们唯一能抓住的恐怕只有李树敏了。”姜森长长地叹了口气，“党国的事业想不到如此颓败，大厦将倾啊！”

“老师，您不要难受，天无绝人之路，说不定还有转机。李树敏这边还有几百号人枪，在宁西也是仅次于魏富堂的第二大军事力量，我们抓住李树敏，和共党周旋。”柳芳见姜森极为伤感，安慰道。

姜森打开一张军事地图，指着广坪说：“广坪地理位置重要，广坪河由北向南，出宁西的唯一道路由西向东，构成一个‘十’字，广坪街就处于这个‘十’字的交汇处。这里有水陆两路的码头，是各路武装力量和商贾互相联络的枢纽。”

柳芳点了点头，指着地图说：“广坪街后面就是连绵的群山，可攻可守，完全可以作为对付共军的有利据点。”

李树敏的议事厅内，点了好几盏油灯，灯火通明。李树敏坐在主位上，柳芳坐在旁边，老三李守善和老四李守敦坐在李树敏的下首，六秃子李守和与他的妹夫邹长林坐在老四的下首，柳芳的下首坐着远道而来的刘青云。

“各位兄弟，成连音和魏富堂都投靠共党了，阳平关的成连音又给我写了信，让我去向共党缴枪投诚，今晚请大家来商量，我们广坪怎么办。”

李守善和李守敦都没说话，其他人也就不好开口，整个房间里死气沉沉。刘青云年轻气盛，站起来叹息道：“我辛辛苦苦，花了很多钱，才当上乡长没几天，‘霉老二’（对红军的污称）就来了。我在广元被共党抓去学习，听他们的政策，我这个乡长不但当不成，可能还要给我找笼笼钻。与其被他们整，还不如和五哥合伙干，闹他个天翻地覆。我就不信，他共党还能成得了气候？”

“青云兄弟，老蒋的部队源源不断地南撤，宁强的守军一败涂地，成连音和魏富堂的实力不在我们之下，都投降了，你就这点实力，也敢和共军叫板？”李守善眯着个眼睛，盯着刘青云说。

“老三的意思，是要我们向共党投降？”柳芳眉毛一立。

六秃子李守和说：“共产党肯定靠不住，共产党选的乡长、区长全是他妈的黄泥巴脚杆，这些人连话都说不清楚，还配做官吗?”

李守敦狠狠地一拍桌子:“这些人都是我们的下人,他们一上台,我们在座的各位还想过好日子吗?”

柳芳见李家兄弟群情激奋,说道:“各位兄弟,共产党目前的势力好像很强,但老蒋的部队也不少,想当年四川省‘霉老二’闹得那么凶,还不是叫老蒋给撵跑了!我们要下定决心,跟共产党干,不能缴枪!一缴枪就什么也没有了,到时候人为刀俎,我为鱼肉,只有挨刀的份儿。”

五短身材的李树敏窝在太师椅上,张开他的蛤蟆嘴:“魏富堂和成连音都向共党投诚了,我们不能不做个样子。这样,老六,你带四十条孬枪,去宁强县城投诚,探探虚实。老三、老四,你们和刘青云带上我们在广坪河的精锐,暂时到川陕边境四川境内的龙洞湾、马房窝驻扎,先避避风头,静观其变。”

“那五哥你呢?”李守和问道。

“我和柳芳、邹长林就待在这里,倒要看看共军究竟要搞什么动作。你们有什么情况,及时报告给我。”

十六

吴存银和曹廷林二人策马奔向青木川,两人穿着粗布军装,硬底布便鞋,白土布袜子,每人都背了个背包,从县城出发,经过两天疾行,在第三天的晌午,赶到了青木川。

两人在深山老林中穿行,眼前突然豁然开朗,出现了一个小平川，山青水秀，溪水潺潺，虽是冬季，但景色秀美，两人精神都为之一振。吴存银跳下马来，打眼一看，山下炊烟袅袅，镇上人烟稀少。他在小溪边洗了把脸，舀了一瓷缸溪水，招呼曹廷林坐在山梁上，将干粮袋打开，拿出一个冷馒头递了过去。曹廷林是外乡人，只见青木川风光秀美，空气出奇的清新，也顾不上填肚子，贪婪地四处眺望美景。

吴存银对观赏景色没什么兴趣，而是将青木川周围的地形仔仔细细地看了一遍，记在心里。两人吃完后，曹廷林就要上马，吴存银却拉了他坐在石头上，将枪取出来，里里外外擦拭了一遍，拉了拉枪栓，确保枪没问题后，才慢悠悠地下了山。

吴存银和曹廷林二人踩着残雪走进回龙场老街时，行人寥寥无几，店铺大都店门紧闭。吴存银先前和黎民觉来的时候，还没有如此冷清，时间不长，就像换了个地方，但他隐隐约约地感觉到紧闭的店门后面，有数不清的眼睛在盯着他们。曹廷林没觉察到异样，吴存银却切切实实地感到丝丝凉意，他下意识地摸了摸怀里的枪。在这条狭窄的街道上就怕冷枪，如果有人偷偷放冷枪，绝对是躲不开的。

吴存银看着没心没肺的曹廷林，继续小心翼翼地前行。不一会儿，街道宽了许多，房子也变得考究了，只见两座并排的大院子鹤立鸡群地突兀在杂乱的房子间，两人多高的围墙将院子围得严严实实，大门口竖着一座高高的门楼，四角都有枪眼。此时，大门紧闭，出入由侧门通过，侧身再看，门楼对面是一座三层楼的洋房，题名“辅友社”。

侧门打开了，徐种德从门内走出来："吴区长，一路辛苦，快请进！"

吴存银跟随徐种德走进院子，上首是一排五间的大厅，四根廊柱雕龙画凤，立在两边，东西各有一排厢房，一进大门处的巨大屏风由一组组砖雕组成，做工考究的青石板拼凑的道路分别指向正厅和厢房。正厅两侧，两棵高大的桂花树郁郁葱葱，一看就有些年头。廊檐下，巨石雕刻成的四只鱼缸排列在两边。十五级台阶通往正厅，一下就将整个建筑托举起来，显得豪迈了许多。正厅的门楣上，一幅金字牌匾"国栋家干"夺人眼球。

吴存银随黎民觉到过青木川，只听说过辅友社气派，但没有进来过，一踏进院子，便暗暗地叹息了一声，这个魏富堂搜刮了多少民脂民膏啊！曹廷林愣在那儿，这个建筑太过豪华，扑面而来的是深深的压抑。魏富堂肥胖的身躯从正厅里走了出来，人还没到，声音已出来："二位贵客来临，未能远迎，失敬失敬。"

魏富堂将国民党的校官服换做一身长袍，将整个身子裹得严严实实，两颗门牙依旧压在下嘴唇上，一脸横肉挤出些笑容。在魏富堂身边站着的是魏震袁，见吴存银进了院子，忙从怀中掏出一个镀金烟盒，两个指头弹开，递到吴存银面前。

吴存银将烟盒推开，从怀里掏出一个旱烟袋："我抽这个。"说着便装了一袋烟抽了起来，气氛一时有点尴尬。

"大家坐下说。"魏富堂转头对徐种德说，"种德，去准备一下，一会儿我们给吴区长一行接风洗尘。"

曹廷林嘴快："魏先生，不用准备了，我们在山上的小溪边吃过了。”

“二位不要客气，吃顿便饭嘛！种德，快去准备。”

“不必了，曹连长说的是实话，我们共产党人最讲究实事求是。”吴存银一伸手挡住了欲外出的徐种德。

魏富堂非常不快，但没表现出来。魏震袁则阴阳怪气地说道：“吴区长，听说共产党组织‘闻香队’，不许老百姓吃好的，是不是这样？”

吴存银笑了笑，说道：“我们共产党的宗旨是让全国的老百姓吃饱吃好，而不是只让少数人过好日子。”

吴存银声音不高，但听者有意，一句话说得魏富堂、魏震袁脸色大变。

就在吴存银来之前，魏富堂从县城一回来，就召集了魏老大、徐种德、刘加三、魏震袁和各个中队长商量应变之策，只是众说纷纭，意见不一。魏震袁主张力拼，打不过就隐蔽到山里打游击。魏老大老奸巨猾，说：“第一，共军大军压境，与其承担被消灭的风险，不如假意投诚，以观动静；第二，不管是国民党还是共产党，离开了地方势力，说白了，离开魏富堂，在青木川就寸步难行，成不了气候；第三，通过投诚，可以取信于共党，也可以摸摸共党的脾气，更好地与之周旋。”

魏富堂长叹了口气：“没想到被黎民党这个老家伙骗到县城，共党的底细没有摸清，反而被要求缴枪，还找来共党的区长。我连个虚名都没捞到，共产党和国民党还真的不一样，事情的发展不是我们当初设想的那样。”

“依我看，干掉吴存银这两个共党，以免后患，然后我们扯旗上山，能打则打，不能打就南下四川，进行成都会战。”魏震袁狠狠地说道。

“震袁此言差矣！魏老爷您治理青木川几十年，树大根深，一呼百应，离开这里，岂不是虎落平阳被犬欺？就算不被吃掉，也得被拖垮。一旦离开青木川，到那时，骑虎难下，使不得呀！再说了，两军交战不斩来使。何况咱们和共军并未撕破脸皮，就贸然将共党的区长杀了，更加不妥。”刘加三对着魏富堂说道。

“刘校长，当初投诚就是你鼓动的，才造成现在的骑虎难下。你要明白，共党是富人的死对头，我们都不会有好果子吃。”魏震袁气呼呼地对刘加三说。

“人无远虑，必有近忧。这一千多号人，背井离乡，能拢得住吗？吃、住、行，在这个兵荒马乱的时候，怎么解决？”徐种德亦表示忧虑。

魏富堂听着手下七嘴八舌，大脑里却在紧张地盘算。投诚并不是他的初衷，只是为了投石问路，为了取得共产党的信任，不致因改朝换代而影响他独霸青木川的统治地位。但是，目前的形势却让他茫然，魏富堂从心底怀疑投诚这条路是否能走通。显而易见，这个吴存银到青木川来，就是要取代自己管理青木川，进而管理整个宁西。这个判断一旦成立，那么灭顶之灾就在眼前，自己苦心经营半生所获得的一切荣华富贵和权威都会化成灰烬。想到这里，魏富堂一阵恐惧，伴随而来的是切齿之恨和切肤之痛。在返回青木川的路上，他又一次回想起与薛县长的交谈，命令自己缴枪的屈辱一阵阵涌上心头。要是年轻个二十岁，他会孤注一掷，杀死吴存银二人，来他个鱼死网破，然后占山为王。

但回头想想段远鹏坐在那儿的气场，那种由内至外的锐气，着实令人生寒。再想想共军以迅雷不及掩耳之势解放了整个陕南，自己虽曾将队伍拉到西沟，以避锋芒，但仅仅三天，就人心浮动，队伍散去了十之二三。如果真按魏震袁所说，将队伍拉走，又有多少人能够死心塌地地跟着自己走？就凭自己的这点实力和共党斗，这不是以卵击石吗？亏魏震袁讲得出这个馊主意。

还是争取风平浪静、平安无事地渡过这一关吧！因此，自己不仅不能杀死吴存银，还要尽量安抚好，争取吴存银为自己说话。

魏富堂拿定主意，对手下说："各位兄弟说的都很对。古人说得好，小不忍则乱大谋。当前，要忍，忍辱负重。吴存银来，就让他来好了，他们人地两生，离了我们，谁听他们的？我们走着瞧，不到万不得已，不要动他们，要动他们，简单，就像探囊取物，但要经常给他们点颜色看看，使他们懂得离了我们是不行的。诸位，现在风雨飘摇，大家一定要精诚团结，同舟共济。今后，文的刘校长和种德多操心；武的震袁和各位中队长多担待；钱的事情，大哥要多多辛苦 ，就这么办吧。"

"魏老爷，枪不能全部交出去，我想藏两盒好枪在后山隐秘的山洞里，以防有变。"魏震袁说。魏富堂说："你看着办吧，但要保密，不要将消息传出去。"

“吴区长，您和曹连长初来乍到，青木川风光秀美，您二位在这儿多看看，多歇歇。”魏富堂满脸堆笑，一腔热情地说。

“谢谢魏先生的好意，既然魏先生喜欢痛快，我们就开门见山，商量正事吧。”

“好说，好说，请吴区长赐教。”

“根据薛县长的指示，在近期内，我们要办三件事。第一，建立宁西区人民政府，就是说，成立区政府，办理含青木川在内的整个宁西的事务，办公地点就设在你的民团旧址，不知魏先生意下如何?”

魏富堂脸色一变，旋即恢复正常，他心中十分恼火，一是恼火吴存银的语气咄咄逼人，二是征用他的团部不容商量，但还是装作一副满不在意的样子：“好说，好说。”

“第二件，”吴存银说，“关于民团收编问题，县政府要求魏先生能在半个月内将所属的人、枪和一切物资能清点造册，至于收编的时间、地点，待后通知，只要求魏先生能够责成专人负责此事，并不得虚报一人一枪。”

魏富堂心里恨得直痒痒，面上又不便表露出来：“自然，自然！请问吴区长第三件事是什么?”

“第三件事嘛，就是在收编民团的同时，建立青木川和宁西的民兵组织，配合部队剿灭土匪。”

吴存银盯着魏富堂，说：“希望魏先生从大局出发，迅速消除戒心，协助新成立的区政府办好这三件事。“

“理所当然。”魏富堂强装着不露声色，“不知吴区长的食宿如何安排？魏某理当尽地主之谊。”

“吃的问题，请魏先生不必费心；至于住嘛，在目前，按照县长指示，还请魏先生安排。”

“义不容辞，请不必客气。”魏富堂想了一下，说道，“就请委屈一下，住在西院吧，那边与这边只是一墙之隔，只是许久没人居住，有点荒芜，请勿见怪。”

魏震袁阴阳怪气地补上一句：“这个院子曾经闹过鬼的，吴区长不会介意吧?”

刘加三意味深长地对吴存银说：“共产党是无神论者，不相信神鬼的。神鬼这东西信则有，不信则无，但现实中人比鬼更可怕。吴区长，你说对吗?”

吴存银知道刘加三的秘密身份，哈哈大笑，所有想说的话都在这笑声中包含了。

刘加三的提醒，吴存银早已心领神会，只不过没想到来得这么快，就在当天晚上，意料之中又在情理之外的事情发生了。

西小院，连着魏富堂的两座正院，只有一墙之隔。说是小院，面积并不小，只是与正院相比而被称作小院子。三间正房、三间偏房收拾得干干净净。西小院原来是魏富堂给几房姨太太修的，他当上团总以后，为享齐人之福，偷偷娶了几房小老婆。开始时，他瞒着大老婆，等到第一房姨太太迎进家门时，大太太才有所察觉，死活不愿意，在家中大闹，又抹脖子又上吊。魏富堂哪是个怕老婆的人，只不过已经当了团总，在青木川成了公众人物，要是大老婆真的寻了短见，对自己的名声影响太大了，到时候被人在后面戳脊梁骨也不自在。再三和大老婆协商，磨破了嘴皮子，双方妥协的结果就是建了个西小院，用来安置姨太太。说是西小院，其实真的不小，窗明几净。小老婆刚刚安顿好，他的大老婆就又开始闹了，原因是西小院什么东西都是新的，凭什么小老婆用的东西都比大老婆好？于是魏家又被闹得鸡飞狗跳。魏富堂再次妥协，只能用钱继续塞大老婆的嘴。大老婆又说了，不准魏富堂夜宿西小院，于是他只好白天陪小老婆，晚上又回到大老婆处。大老婆处刚刚摆平，小老婆又不高兴了，魏富堂就在墙上开了个暗门，这样就方便多了，妻妾绝不见面，少了很多麻烦。这种局面一直延续到大老婆病死为止。

大老婆一死，几房姨太太终于熬过来了，名正言顺、堂堂正正地从西小院搬到正院，于是西小院就闲置下来了。闲置后，一个女佣曾在西小院寻了短见，从那之后，西小院就成了魏府的凶宅。几个姨太太谈起西小院，脸色都变了，整个魏家上下对西小院讳莫如深。

魏富堂在青木川的烟土市场交易量巨大，名声在陕甘川属于响当当的，也曾惊动了国民党统治者。迫于舆论压力，民国33年（1944年），宁强县城派了个大员去青木川禁烟。魏富堂见是县城派下来的大员，热情接待，在辅友社宾主尽欢。酒足饭饱之际，魏富堂在魏震袁耳边轻轻地吩咐了几句，魏震袁心领神会，将禁烟大员一行带到西小院住下。

一行人趁着月色，醉醺醺地走进西小院，发现西小院独门独院，曲径通幽，几棵桂花树枝繁叶茂，香气袭人，一行人极为满意。可是到了后半夜，凄惨的女鬼叫声高低起伏，听得人毛骨悚然。禁烟大员本就是胆子极小的，这一夜哪敢合眼？好不容易熬到第二天清晨，见到魏富堂，他就不停地作揖，不顾魏富堂挽留，执意要回宁强。魏富堂吩咐徐种德取了一百现大洋，送给禁烟大员，并派魏震袁带领四名团丁护送其回宁强。禁烟大员感激涕零，禁烟的事情也就没有下文了，但西小院闹鬼却不胫而走，传得沸沸扬扬。

吴存银和曹廷林是从刘加三那儿知道西小院闹鬼的传闻的，但两人根本不相信神鬼一说。吴存银心里清清楚楚，跟魏富堂、李树敏这些民团头子的较量就要开始了，别看魏富堂满脸堆笑、好言好语，其实心里是极不欢迎共产党来的。吴存银是老革命了，深知肩上的担子有多重。

此刻，魏富堂正在魏家大院里踱步。自从成为青木川的实际统治者之后，几十年来，魏富堂和官府的斗争就没有停息过。几年前，他用闹鬼这一招逼走禁烟大员，现在又想用这一招对付共产党，但他隐隐约约有种不祥的预感，共产党不是这么容易对付的。共产党和国民党斗了几十年，装备精良的国民党竟然输得一塌糊涂，可见共产党不是等闲之辈。以自己的实力，跟共产党斗，那是以卵击石。投诚后，自己的身家性命能否保住？能否维持自己在青木川的统治地位？从以往共产党打土豪、分田地的做法来看，魏富堂的心里直打鼓。共产党虽然对自己说过既往不咎的话，可天下是他们的，要是他们追究自己的过去，魏富堂都不敢再往下想。到那时，自己该如何应对？要么孤注一掷，将人马拉出去打游击——但魏富堂很快打消了这个愚蠢的念头。

魏富堂觉得，还是要周旋，他感觉这是上策。他希望通过周旋，能够取得更多与共产党讨价还价的筹码，或许能逼走吴存银，保住自己在青木川的地位。

吴存银和曹廷林走进西小院。西小院有三间房，中间是堂屋，左右两间是卧室。

“鬼见愁，你睡东边一间，我睡西边，我们两人互不打扰。”曹廷林对吴存银说。

吴存银没回话，将小院里里外外仔细地查看了一番：“我们两人睡一间，都睡在东边的房间，遇事可以相互商量，相互照应。”

“你都已经鬼见愁了，难道还胆小怕鬼吗？我看还是一人一间好，空也是空着。”

吴存银摇了摇头，严肃地说：“不行，这是命令，我们两人都睡在东边房间里。”曹廷林见吴存银如此严肃，只好将背包放进东房。

“曹连长，刘校长告诉我们这儿闹鬼，你相信吗？”

“我说鬼见愁，你是不是共产党员？亏你还有个鬼见愁的外号！我们枪林弹雨地都过来了，还相信这个世界上有鬼？”

吴存银神秘地笑了笑：“不，世上真的是有鬼的。”

曹廷林不屑地看了吴存银一眼：“开什么玩笑？”

“不是玩笑，你想想，有人如果想干见不得人的事，这不就是鬼吗?”

曹廷林似乎对吴存银的话有所领会：“魏富堂究竟想干什么?”

“今晚我们两人轮流站岗，我先睡，你站岗到上半夜，下半夜你叫醒我，我来站岗。”

“算了，算了，这一夜我替你鬼见愁站岗，你好好休息。”

“不行，你一定要休息好，现在敌情复杂，我们必须保持清醒的头脑。”

上半夜，静悄悄，山里空气清新，吴存银睡得非常踏实。到了下半夜，曹廷林见吴存银睡得很沉，不忍心叫醒他，就继续在那儿站岗。哪知道肩膀突然被拍了一下，曹廷林吓了一跳，回头一看，却是穿戴整齐的吴存银。

“鬼见愁，你也不喊一声，吓我一跳。你再去睡会儿，这儿我顶着。”

“去睡吧，我来站岗。”

曹廷林伸了个懒腰，打了个哈欠：“那我不客气了，还真困了。”

吴存银接班不久，就到了三更天，万籁俱静，忽然一声脆响打破了宁静，屋顶上的一片瓦不偏不倚地落在面前，摔得粉碎。吴存银一惊，迅速从腰间拔出驳壳枪，拉开保险。这时院墙外跳下一个怪物，头颅硕大无比，头顶上还发出蓝莹莹的光，两颗獠牙长长地伸出嘴外，头发披在腰间，手脚像干枯的树枝，衣服似道袍，却被切割成一条一条的。

吴存银大喝一声："谁在这儿装神弄鬼？"

只见吴存银的头顶上又飘下来一个女鬼，艳丽无比，青面獠牙，舌头拖在胸前有三尺长，竟在他面前跳起了舞，不停地说："吴存银，拿命来！吴存银，拿命来！"

吴存银心里直发毛，浑身起满鸡皮疙瘩，院墙上跳下来的发着蓝光的大头鬼也飘到门前，嘴里发出吱吱的声音。吴存银冷汗直流，大喝一声："你是人是鬼？"

那个吱吱叫的大头鬼也不应声，只是一个劲地去拍门。吴存银心里一激灵，真要是鬼，一道并不牢固的木门哪能挡得住？何况，鬼从窗户进出不是更容易吗？但他搞不清大头鬼是怎么发出蓝光的。吴存银朝大头鬼抬手就是一枪，开枪之时并没有瞄准，故意丢了准头，只听到"哎哟"一声，两个鬼顿时都不见了，西小院内又恢复了平静。

曹廷林被枪声惊醒，披衣起床，看到外面空空如也，疑惑地看着周边。吴存银冲他摆摆手："没啥事，继续睡。"

第二天清晨，吴存银和曹廷林在院墙下面发现了点点血迹，曹廷林说："这是什么？"

"昨晚闹鬼了。"

"闹鬼了？"曹廷林不解。

"这世界上哪有鬼，鬼都是人装的。"

"曹连长，我写了两封信，你回一趟宁强县城，亲手交给薛县长和段师长，路上务必注意安全，记住，千万不要走夜路。"

曹廷林接过信，揣在胸前贴身的口袋里，飞身上了矮马，一路飞驰而去。望着飞扬的尘土，吴存银下意识地摸了摸腰间的驳壳枪，目送曹廷林消失在群山深处。吴存银在曹廷林离开后的几天时间，也不去见魏富堂，只是大门不出二门不迈。魏富堂多次想宴请，吴存银一概拒绝。魏震袁和徐种德先后来探访多次，也不知道他葫芦里卖的到底是什么药。

曹廷林是在第三天天黑不久回来的。一起回来的还有两个人，一个是山娃子，另一个陌生的年轻人白白净净，个头高高的，曹廷林介绍说是南下干部任时英，组织派他去广坪河乡担任乡长。考虑到山娃子是宁强当地人，组织就派他去广坪河乡当人武部长，协助任时英开展工作。

吴存银见到一身尘土、眼睛通红的曹廷林，气就不打一处来，狠狠地骂了他一顿："谁让你们走夜路的？这才解放几天，你胆子太大了，就不怕有人放冷枪！"

"事情紧急，我不能只顾个人安危。"曹廷林觉得很委屈，"我们三个人一起走，再说了，解放军还怕土匪吗？"

"不怕一万，就怕万一。千万不能麻痹大意，血的教训还少吗？"吴存银见曹廷林安全回来，心也就软了下来。但他不愿意表露出来，对同志严格点，甚至让同志受点委屈，只有好处，没有坏处，宁西环境复杂，一旦疏忽，就会付出血的甚至是生命的代价。他挽起袖子说道："饿了吧？我去做饭！"

"别做了，临行前，薛县长请我们三个人美美地吃了一顿，还给我们煮了几十个鸡蛋。"曹廷林从上衣兜里掏出几个熟鸡蛋，递过去。

吴存银将鸡蛋搁在桌上，撕开薛县长的信：

老吴，辛苦了！

来信收悉。对魏富堂决不能掉以轻心，近期我和段师长商量了，要对宁西各个民团进行整编。为减轻你的压力，县委决定派南下干部任时英和你的老战友山娃子到广坪河乡去开展工作。这段时间，你要密切注意宁西各个民团的活动动向。有两个情况值得你注意：

一、魏富堂可能接受整编，但不能寄予太大希望；

二、魏富堂上山为匪，或者，明里接受整编，暗里与我党对抗。

你要警惕这两种情况，慎之又慎，千万不可麻痹大意。望抓紧时间组织训练民兵，这才是你立足的根本。

至于闹鬼一说，我与段师长分析过，只能说魏富堂已经“黔驴技穷”，但还没有到狗急跳墙的地步，要尽力防止这一点。鬼发光，不足为奇，这是磷的作用。段师长提醒你，当年你们晚上行军，不是常常看到这种鬼火吗？

我和段师长、苏政委尽量抽时间到宁西。

祝成功！

吴存银将薛县长的回信看了好几遍，觉得心里踏实多了。

十七

李树敏得知共产党进驻青木川以后，坐立不安。姜森和柳芳极力鼓动他和共产党斗，但他清楚地知道自己的实力远在魏富堂和成连音之下，而魏和成已经完全投诚。正当他辗转反侧之间，任时英和山娃子前来拜访了。

任时英的第一个要求就令李树敏非常不自在，他俩进驻了李树敏所住的李家大院，而且在李家大院门口挂上“广坪河乡人民政府”的牌子。李树敏忍气吞声，将一楼的五间房腾出来，作为乡政府用房，又在街上腾出一间门面房，作为任时英的办公房。

最让李树敏感到不快的是，冰香子有事没事地就往任时英屋里跑。李树敏觊觎冰香子已久，为了让冰香子退婚，还挑唆侄子去闹事，结果闹出了天大的事。看这个情形，冰香子似乎对任时英心生好感。

“李队长，县政府要求你五日内带所有武器和团丁，去宁强县城接受整编。”任时英的口气不容置疑。

李树敏看了柳芳一眼，从后者的目光中读出了什么。李树敏缓缓地吸了口气，空气进入体内，冷彻肺腑，寒意从身体的每个角落升起。李树敏来回踱步，抬起头，对任时英说：“任乡长，政府的命令，树敏一定带头办理。不过我最近身体有恙，恐怕不能长途跋涉，我这就安排，派人带领队伍和任乡长一起去宁强县城。”

“不知道何时能够成行?”

“明天午饭后即可出发。”

任时英和山娃子到广坪河乡的这段时间，李树敏几乎每天都和他的几个兄弟商量对策，他的主意已经拿定，而且也已布置周密。第二天，六秃子李守和带着十几个团丁和三四十条破枪，跟随任时英去了宁强县城。

而魏富堂在清点人枪向吴存银上交时，却发生了波折。魏富堂是宁西最大的武装力量，这一点无论是段远鹏、薛之文，还是吴存银、曹廷林都是非常清楚的，所以魏富堂的武装是宁西收编的重中之重。为了顺利缴枪，段远鹏派了一个排前往青木川，协助清缴。尽管半个月之前就通知了魏富堂，但到了清点时，却发现号称千人之众的宁西大队只到了八百二十人，枪也少了一百多支。吴存银头脑非常清醒，他意识到，那缺席的一百多人枪一定是魏富堂最精锐的力量。

“这是怎么回事?”吴存银的脸色沉了下来，“人枪按名册清点，怎么少了这么多?”

“吴区长，不瞒您说，青木川地处深山老林，匪患不断，团丁又是些乌合之众，枪在个人手中，我已经打发人天天催缴，可是，多年养成的刁野习性难改啊！要么，这些枪支我们先收着，等到收齐了再交给吴区长。”

吴存银冷冷地看着魏富堂，面色铁青，说：“魏团长，这可不行。”

“这个事情难办啊！”魏富堂故意长叹了一口气，用眼睛的余光瞄了瞄。他看到吴存银脸色不善，心里冒出了一团火，正待发作，回头却看到，一个排荷枪实弹的解放军战士站在身后，就又换了种口气，“吴区长，要么您跟上面说说，改个日子吧？”

“不行！今天有多少清点多少！”吴存银说得斩钉截铁。

“好！好！”魏富堂点头如捣蒜。

“魏震袁人呢？”吴万银指着名册问道。

“下去催人催枪去了。”

“魏震袁不知道今天清缴吗？”

“知道，可能遇到什么事耽搁了。”

吴存银深吸一口气，为什么所有派出去缴枪的人都回来了，却单单缺少了魏震袁？因事耽误还是魏富堂耍什么阴谋？吴存银心里一阵嘀咕。怎么办？现在太阳还悬在头顶，可青木川的冬夜来得特别早，要是天黑前处理不完，恐怕会引起混乱。

吴存银下定决心，将组建的区民兵中队，每三个人编成一个小组，分头清点，解放军担任警戒。民兵都是些精壮的小伙子，每个人都忙得满头大汗。眼看天色渐渐暗了下来，吴存银和执行警戒的解放军战士也一起参加清点，将所有枪支五支一捆，绑在几十头骡子上。最后，他们在地上留下了一挺崭新的轻机枪、三支驳壳枪、三十支步枪和十几箱子弹。

魏富堂见地上的武器没被装上骡子，心里就有了疙瘩：“吴区长，您这是……”

“这些是给民兵配备的。”

“这不妥！”魏富堂见吴存银要在青木川组建民兵，而且用自己的枪去武装，心里一阵不快，本能地反对。

“这有什么不妥？”

“这些人、枪理应直接交给宁强县上。”

吴存银想不到魏富堂在这个节骨眼上发难：“县上委托我接收，这样的命令，你不是也收到一份吗？”

“对，我是收到了，吴区长当然可以代表接收，但是，命令上并没有留枪一说啊。吴区长你可不能私留枪支，要是这帮兄弟知道了，闹起来，可不好收拾。”

出乎吴存银的意外，他想不到魏富堂会抓住这件事不放，情急之下竟然语塞，一时想不到用什么话来回击。

魏富堂得理不饶人：“我看是不是这样，把清点的人、枪全部送到县上，听凭发落。”

吴存银听到魏富堂的要求后，突然联想到魏震袁的缺席，联想到一百多人、枪没有缴上来，往深处想，不由得惊出一身冷汗。魏富堂为什么不想让当地民兵武装，会不会发难做大文章？于是，他下定决心：“既然我代表县上接收人、枪，就有权处置交接过程中的问题，如果你有什么异议，可以打个收条，怎么样？”

魏富堂沉吟了半晌：“吴区长，您多心了，魏某只不过是承薛县长的指示，既然您要这么办，那我还能再说什么呢？”

而后来发生的林林总总，都再一次证明了吴存银这时的判断和决策，以及组建民兵武装是多么的明智。

十八

不知不觉，吴存银在宁西已经工作了好几个月，阳春三月，应是山花烂漫的好时节，可是宁西的寒意却依旧浓厚，河谷的寒风不断地肆虐。吴存银将驳壳枪插在腰间，将装子弹的武装带斜挎在肩上，想想又从肩上摘下，取了几十发子弹装进武装带。吴存银的这个举动，曹廷林看在眼里，打趣道："又不是去打仗，带这么多子弹就不怕沉?"

吴存银眯着眼憨厚地朝他笑了笑，又背了一支军号，带着区中队民兵王国、李玉、蔡娃出发了。他们沿着小河边往上游走去，途经广坪河，去往新滩召开群众大会，筹备组织村农协。

吴存银在宁西有力地开展工作，使得他成为姜森和柳芳的眼中钉，欲除之而后快。柳芳多次要求李树敏派人将吴存银干掉，李树敏总是迟迟疑疑，想要留条后路。他心里明白，要想人不知，除非己莫为，一旦除掉吴存银，就是和共党彻底撕破脸了。而这次吴存银去新滩，姜森早就获悉，就向柳芳下达了暗杀密令。柳芳对李树敏说："当家的，这是绝好机会，都不需要引蛇出洞，我们抓住机会，杀了吴存银。"

李树敏来回地踱着方步，迟迟不表态，思来想去，说："等等吧，机会有的是，就让吴瞎子再多活两天。"

柳芳对李树敏的犹豫大失所望，于是派心腹密令第七保的副保长谭真，将吴存银即将来新滩的消息传给盘踞在马房窝的刘青云，让刘青云动手干掉吴存银。

接到密令的刘青云正站在海拔一千多米的马房窝主峰上。马房窝面对云雾山，背靠唐尖帽，猴子梁险峻陡峭，从山顶呈六十多度的坡陡然直抵山下。与猴子梁相邻的泥窝子梁更加险峻，与猴子梁构成“V”字形。在“V”字形的最下端，稀稀落落地住着几户人家，这就是吴存银即将要来的新滩。新滩距广坪河不过区区几十里，两岸高山入云，植被丰厚，岸边危崖层层叠叠，地势险要，奔腾的河水就从这深山峡谷中流过。此时站在马房窝的刘青云想到新滩去，只要走一里山路就到了。

新滩在群山之间，下午五点以后就见不到阳光了。刘青云在山上居高临下，新滩尽收眼底。靠河边的一户人家，门前用石头砌成院坝，有一丈多高，河对面是一片开阔地，光溜溜的一片沙滩。

刘青云已在这里布下天罗地网，为确保成功，几十个人分三路围住新滩。一路从猴子梁下山，卡住了去新滩上游的路；一路从泥窝子梁下山，直扑新滩后面；主力人马从上游的湾滩子渡河，经蛤蟆坪去新滩对面的黄梁坡驻守。刘青云在新滩下游对面的山梁上架起一挺机关枪，封锁了吴存银回广坪的退路。

刘青云突然抬手一枪，随着清脆的枪响，一只大鸟应声落地。他得意地看看手下的小土匪：“兄弟们，我们兵力多，有利地形都被我们占领了，共党吴存银就是瓮中之鳖。这次我要血洗新滩，活捉吴瞎子。”

吴存银带着三个区中队队员沿着河边走，小路蜿蜒崎岖，两岸巨石嶙峋。谭真早就在新滩口迎接吴存银一行，不离左右，端茶倒水，还让手下的人准备午饭，忙个不停。谭真越是殷勤，吴存银就越觉得不对劲。

吴存银冷眼看着，走出门外，站在河边人家的院坝里，端详了新滩的整个地形后，一种不祥的感觉自心头升起。深山老林里躲藏几支部队根本不易察觉，中间一条狭长的河谷，地形十分险恶，只要在两边山梁上设足火力，居高临下，纵是大部队来也插翅难飞，何况新滩是土匪经常出没之地。吴存银吩咐李玉在房后沟边的两块大石头后做暗哨，观察屋后山上的动静；让王国、蔡娃在房前阶沿上站岗，观察河对面山上的动静。农协大会照常进行，但来开会的人并不多。会议结束后，吴存银由于连日操劳，异常疲倦，进屋和衣躺下，刚刚眯上眼，就听到一声枪响。

吴存银一跃而起，冲出门外，一眼看到五六个青壮的汉子从半山腰上冲下来，为首一人身材高大，剃了个光头，腰间别着两支短枪，手里还提着一支冲锋枪。李玉大腿中弹，正躺在地上呻吟。吴存银心头一紧，一把夺过吓得瑟瑟发抖的蔡娃的枪，大喝一声："跟我走!"飞身从院坝跳下一丈多高的石盖，下了河坝。王国见势不妙，也跟着跳下去。蔡娃还是个孩子，一转身躲进了群众开会的屋子。

吴存银和王国凭借河边树丛和巨石的掩护，顺着河边小路向下游奔去。这时，河对岸的机枪开始扫射，子弹把路上的泥土打得尘土飞扬。吴存银心里直叫苦，要是往前走，就完全暴露在土匪机枪的火力之下了。后面五六个土匪冲了过来，越来越近，王国只摸了几天枪，军事素养极差，自己一个人对付这些土匪凶多吉少。好在天无绝人之路，一早去广坪河赶集的农民王永余，回家时正巧路过这里，一见机枪在扫射，吓得大喊："不要打了！我是王永余！"

土匪机枪手恰巧是新滩本地人，不仅认识王永余，而且还沾亲带故，一犹豫，就停止了射击。就在这宝贵的一瞬间，吴存银和王国跳进了河里。三月河水很浅，两人不顾河水冰冷刺骨，飞快地过了河，上了沙滩。吴存银机警地判断了机枪的火力死角，飞身奔去，土匪的机枪顿时失去了作用。刘青云气得大骂，从沙滩的上游扑过河来，在吴存银后面紧追不舍，一边追，一边用冲锋枪扫射。

王国跟着吴存银在沙滩上以"S"形路线狂奔，沙滩上一片开阔，没有任何物体可以作为掩护，子弹不时地在耳边呼啸而过，吴存银也不时地回头放几枪。

刘青云越追越近，眼看就要追上，突然间，一大群牛从山林中走出，慢慢悠悠地涌向沙滩。牛温顺善良，并不在意激烈的枪声，而是像往常一样去岸边喝水。吴存银一看，良机难觅，便和王国迅速钻入牛群，在缝隙中前进。刘青云带领的土匪大都是新滩本地人，不愿得罪当地人，竟不敢朝牛群开枪。吴存银两人幸运地借着牛群的掩护，逃离了沙滩，消失在河边的山林中。

吴存银在山林中行走，丝毫不敢懈怠，而王国经过长途奔跑，早已吃不消，气喘吁吁地对吴存银说："区长，休息会儿吧，土匪没跟上来。"

吴存银摇摇头，但还是稍微放慢了脚步，朝广坪方向走去。他边走边解下背在身上的军号，王国不解地看着他。吴存银一边走一边吹军号，直至大香沟的一座山梁上，两人再也跑不动了。吴存银索性坐在一块大石头上，吹起冲锋号，号声激昂，在山谷中回响。

王国哭丧着脸说："区长，好不容易逃出来，你就不要再吹号了，再把土匪全招来了。"

吴存银的号声也传到了不远处刘青云的耳朵里，刘青云喝住背后的小土匪，在山林中停了下来："不追了，往回走！"

身旁的几个小土匪面面相觑。

"'霉老二'狡猾，说不定后面有埋伏，我们现在虽然人多，但要是遇到'霉老二'主力，就全部完蛋。你们听不出他吹的是冲锋号吗？"

刘青云一回到新滩，就看到躺在石板上的李玉。李玉被刘青云一枪射穿了大腿，血流不止，强忍着疼痛，用布条将伤口扎住，总算止住了流血。

刘青云和李玉先前就认识，他抬起脚踢了踢李玉："姓李的，我认识你，留你一条狗命，要是再让我碰上，别怪老子不客气。"随即绕到前门，一脚踢开门。来开会的都是老实巴交的农民，听到枪声，哪敢出去，全部躲在屋子里，将蔡娃藏在床下。

刘青云端起冲锋枪，朝天就是一梭子：“谁是‘霉老二’？”

刘青云后面的土匪有几个是新滩人，与屋子里的老百姓大都相熟，有的还沾亲带故。几个胆子稍大的百姓站到刘青云面前说：“我们这里都是新滩人，哪来的‘霉老二’？”

“胡说八道！谭真告诉我，有四个‘霉老二’，吴瞎子带着一个人逃走了，还有一个李玉我是认识的，那第四个‘霉老二’呢？难不成飞掉了？”刘青云命令土匪仔细搜查，几个土匪都是新滩人，碍于情面也不便翻箱倒柜，便没有发现藏起来的蔡娃。

没有活捉到吴存银，刘青云已经是一头的火，一个人都捉不到，实在太丢面子。他心中大怒，冷笑两声，将一个老百姓拖过来，用枪顶着，对在场的其他人说：“你们说不说？不说可以，我一个一个地杀。”

蔡娃躲在床底下，对发生的一切看得清清楚楚。他本是讨饭的，只知道自己姓蔡，名字也没有，讨饭到青木川，后被吴存银收留。见到刘青云因为自己而要杀人，就从床下爬出来，对刘青云说：“你放了他。”

刘青云一声冷笑，抓住蔡娃的脖子，拖到院坝上，照着蔡娃的后脑勺就是一枪。

刘青云对着老百姓挥了挥枪，叫嚣道：“以后谁跟‘霉老二’走，这就是下场！”说完，带着一帮土匪扬长而去。

十九

三月的广坪之夜，还像是冬天的寒夜。窗外寒风肆虐，油灯下，五短身材的李树敏斜倚在贵妃榻上点了一个大烟泡，地上的大火炉火光熊熊，柳芳夹了一块木炭添入火盆，顺势拨了拨，火苗蹿上来，屋内顿时温暖如春。柳芳穿了件紧身大红夹袄，腰细得盈盈一握，胸前呼之欲出。李树敏一边享受着大烟带来的快感，一边眯着眼，看着身材窈窕的柳芳，想象着脱光衣服的柳芳在身下承欢娇喘的场景，身体竟然有了反应。

正在此时，一个黑影推开窗户，跳了进来。李树敏大惊，扔下烟枪就想从枕头下摸枪。柳芳对着黑影一脚踢去，来人嘶哑着嗓子叫道："嫂子，莫动手，是我。"

"老六，你怎么回来了？你不是在宁强县城吗？"李树敏披衣起来。

"五哥，快给我准备点吃的，我几顿没吃了。"李守和一屁股坐在椅子上，有气无力地看着那盆熊熊燃烧的火盆。

"冰香子！"李树敏喊了一声。

柳芳急忙打了手势，让李树敏不要出声："我去给六弟弄点吃的。"随即一扭身，走到门口，李守和跟了过来，柳芳示意他在屋里等，便出门四处张望，见没人，将门在外锁上，消失在黑暗深处。不一会儿，柳芳端着个托盘回来了，托盘里温了一壶天麻酒，几个核桃馍还冒着热气，一大盘麻辣鸡香气扑鼻。

李守和看到这些美食，眼睛都发直了，一手抓了个核桃馍就塞进嘴里大嚼起来，另一只手也没闲着，端起酒壶倒进嘴里。一阵风卷残云后，李守和用手满足地擦了擦嘴巴。

“老六，你是不是饿死鬼投胎的?”李树敏放下大烟枪，“说说宁强县城情况如何。”

“我在县城遇到了魏富堂。”

“魏富堂也去了？我不去县城恐怕不好。”李树敏沉吟道。

“五哥，你不去就对了。”

李树敏抬起头，疑惑地看着李守和。

“共党太厉害了，国民党根本没法和他们比。”

“那是当然，否则老蒋的几百万部队就不会兵败如山倒了。”李树敏说这话时，没注意到柳芳的脸色很难看。

“共党的政策是首恶必办，胁从不问。魏富堂也好，我也好，带的弟兄都被共党争取过去了，收编的收编，遣散的遣散，枪也交了，人也没了，亏得五哥英明，让老三、老四和刘青云到龙洞湾、马房窝驻扎，避避风头，静观其变。否则，我们的队伍就跟魏富堂的一样，都没了。”

李树敏听了李守和的说辞，心中不安，腾的一声从贵妃榻上下来，来回踱步。

“五哥，我们几个弟兄无论如何都是必办的首恶，我看情形不对，打伤了几个共党的警卫，白天藏在山里，夜间才出来赶路，走了几天几夜才回到广坪。”

柳芳朝李树敏说：“树敏，我们一辈子辛辛苦苦挣来的那么多财产靠谁来保护？当年胡宗南司令长官的部队南撤到广坪时，那些当官的就对我们说，共产党来了要先共产，后共妻，看来都是真的。共产党真够狠毒的，不仅要我们的人和枪，还要我们的财产，将来肯定会要了我们的命。”

李树敏听了李守和和柳芳的话，心中也举棋不定，宁强县城肯定是不能去了，去了只能是自投罗网，死路一条；打吧，肯定打不过解放军；不打，被解放军收编，日子也不好过。

李守和看到李树敏迟疑不定，说：“五哥，现在打还有一线希望，不打只能是死路一条，只有打，才能让共党知道我们的厉害。过去国民党宁强县政府，不就是被我们打趴下了才不敢管我们的吗？”

“国民党和共党的战斗力，我心里清楚，我们跟共党打，只怕是鸡蛋碰石头。”李树敏下意识地捏紧拳头又松开，关节咯咯作响。

“树敏，现在共党的形势不一样了，美国已经到达朝鲜，要和蒋总裁在东北会师。共产党要派兵对付美国，还顾得上我们吗？我想共党的主力说不定这会儿已经撤走，在去朝鲜的路上呢。”柳芳对李树敏说。

“那共党不就成了十多年前从这儿过境的‘霉老二’吗？如果是这样，老六，你明天偷偷带人去把老三、老四和刘青云叫回来，我们商量一下。”柳芳的话极大地宽慰了李树敏。

柳芳说：“当家的，我已经让人通知刘青云，去解决宁西区的区长吴存银，这会儿，刘青云恐怕已经取到吴存银的人头了。”

“什么？谁让你这么干的？我不是说让姓吴的再多活两天吗，你这么做，就是和共党撕破脸皮了。这是要出大问题的！”李树敏火冒三丈。

“五哥，你也不要怪嫂子，只恨‘霉老二’太讨厌，杀掉一两个也好解解气。”

“糊涂，吴瞎子可是宁西区的区长，他是一般的‘霉老二’吗？杀了他，我们就没有退路了……”李树敏急得跺了跺脚。

就在李树敏犹豫不决，考虑要不要武装叛乱之时，一个意外事件间接触发了危机，导致了广坪甚至是整个宁西的腥风血雨。

李守和回来的第二天上午，任时英和山娃子带着基层民兵来到李树敏的烟地。柳芳见来人报信，对李树敏说：“当家的，共产党要去铲烟地，我们去看看。”

李树敏伸了伸懒腰，百无聊赖地看着柳芳和李守和：“随他去吧，共产党想怎么干就怎么干，再说，李汉坤不是在那儿看着烟地吗？”说完，自己又装上一个大烟泡靠在贵妃榻上，李守和上前将烟点着。柳芳见李树敏烂泥扶不上墙的模样，狠狠地摔门出去。

任时英、山娃子和基层民兵走进烟地，刚想动手拔烟苗，李汉坤急忙上前制止。几个民兵都是本地人，见有人制止，也就不上去拔苗了。

任时英一把推开李汉坤，说：“共产党是不允许种鸦片的，同志们，我们一起拔掉烟苗！”

李汉坤见劝阻没用，一抬手，将任时英腰间的驳壳枪抢了过来，并拉开枪栓。事发突然，任时英没有反应过来，山娃子飞速拔出枪，一枪击毙了李汉坤。

李汉坤被击毙的消息传到李树敏的耳朵里，李树敏顿时怒火冲天。当晚，李守善、李守敦和刘青云悄悄潜回了广坪。

柳芳见到刘青云的第一句话就是："吴瞎子做掉了？"

刘青云尴尬地说："吴瞎子滑得就像泥鳅，在新滩跑脱了。"

柳芳的脸沉了下来。

刘青云见柳芳脸色不好，就顺着柳芳的意思，对李树敏说："五哥，只有打才有出路，如果像魏富堂、成连音那样交了枪，队伍散了，一切就全完了。那就只有乖乖听共党的，共党今天可以杀李汉坤、拔烟苗，明天就可以杀咱们。"

李守和也在旁边附和："既然我们有人有枪，凭什么听他们摆布？"

李守敦和李守善也主张打。

李树敏沉默了一会儿，咳嗽了两声，抬起头，眼色凌厉地扫了一圈，慢悠悠地开口："既然兄弟们都要打，我也不好说不打。这几天我看了下共军的布防，广坪街上李守文的油坊里驻着'霉老二'的一个大队，四十多人，大队长是山娃子。青木川是宁西区吴瞎子的驻地，只有一个班，安乐河的'霉老二'也不多。几十年来，广坪一直是咱们兄弟们的窝，现在咱们的窝被'霉老二'占了，更可恨的是，任时英居然要娶冰香子做老婆！"

李树敏将桌上的一个土碗摔得粉碎，狠狠地说道："一定要消灭街上的‘霉老二’，以解心头之患!”

李守和说：“我们趁他们不注意，打他个冷不防，消灭这么几个‘霉老二’是不成问题的。青木川的吴瞎子再狡猾，也不过就是这么几个人，如果过来，我们就一起灭了他们。”

李守敦问道：“如果共党的大部队来呢?”

李守和冷笑一声：“共党的大部队来，咱们就钻老林，咱们对路道熟，在宁西方圆几百里的地盘上，哪儿没有我们李家的人。他们真要钻老林打我们，叫他们有来无回。”

刘青云说道：“上回让吴瞎子逃了，这次一定要将各个口子把紧。”

李树敏接着说：“为了防备万一，我们几个兄弟还是分开走好些。老六在青木川以北人缘好，和柳芳带一部分人马去联络姜森司令，如果姜司令能支持，取胜的把握就更大些；老四先回后坝河，那里有他的佃户，即使我们在这里举事不成，也好有个退路；青云兄弟带来的人马，枪支自己带，子弹从我这儿取，保证供应。等打完这一仗，消灭了‘霉老二’，每人发三十个银圆。”

刘青云说：“这次依然采用在新滩对付吴瞎子的办法，偷袭。广坪街附近的几个山头上都要架机枪，控制整个广坪街；还要吸取上次新滩的教训，派人封锁出入广坪街的所有路口，来个瓮中捉鳖。”

李守和道：“在通往青木川和安乐河的路口，也要派人防御设伏，一旦‘霉老二’过来救援，全部消灭。”

李树敏说：“各位兄弟就按照刚才商议的去做，明天我去找‘霉老二’。”

在场的人都不清楚李树敏是什么意思，诧异地相互看了看。

“这个你们就别管了，各自做好事情，一旦准备好了，即刻举事……”

李汉坤被击毙后，任时英和山娃子都担心李树敏上门兴师问罪，这回李树敏果然来了。不过，进门后他神色平静，先是向任时英承认错误，说过去有错误认识，没有把枪全部交完，通过这几天的学习，现在愿意全部交枪，也愿意将剩下的人马交给解放军改编，并且当场交了三十多支枪。

任时英和山娃子将悬着的心放了下来。魏富堂、成连音和王文轩的民团改造得相当顺利，宁强县城方面并未对李守和的逃离加以重视，认为魏富堂和成连音都拿下了，李树敏这条小泥鳅也掀不起什么大浪头。再加上宁强县城和广坪交通不便，所以李守和逃跑一事，任时英和山娃子并不知情。但是，吴存银对广坪隐隐觉得不安，所以将有限的兵力分出大部分驻守广坪，而青木川虽是宁西区政府所在地，却只留了一个班。

几天后，柳芳和李守和回来了，还带了一封信给李树敏。姜森在信中对李树敏打算“起事”大加夸赞，并封李树敏为“反共救国军”支队司令，让柳芳带回金条十根，子弹五十箱，承诺一旦举事成功，再加封赏。

二十

山娃子在广坪统领着四十多个解放军战士，吴存银再三吩咐他要小心对付李树敏，但山娃子年轻气盛，没将吴存银的嘱托放在心上。自从跟随段远鹏参加红军以来，他一直在各地打胜仗。大部队打回宁强，段远鹏安排他到地方工作，也是有意为之。山娃子配合任时英开展地方工作，按照县上的指示，重点抓发展生产，还没来得及回家去看看年迈的父亲，倒是在攻打七盘关时，遇到了马保长。马保长回去后将山娃子的情况告诉了他的父亲，老人家喜极而泣，走了几天几夜到宁强县城找山娃子，哪知道山娃子又去了广坪。山娃子托人带信给老父亲，说一旦不忙了，就回家看他。

天蒙蒙亮，山娃子睡不着，起床换了一件全新的白衬衫，洗漱完毕，突然听到一阵枪响。听枪声好像是在广坪河乡政府方向，山娃子心中一惊，赶紧叫醒沉睡中的战士。

凌晨，刘青云、李守和带着一帮土匪摸到广坪河乡政府，乡政府征用的是李家的房子，刘青云将乡政府的牌子拿下砸烂，一脚踢开政府大门。乡长任时英听到响声，披衣起床，迎面正好碰见刘青云，刘青云抬手就是几枪，任时英应声倒地，躺在血泊之中。乡政府的文书李全实和办事员李奎胜都是本地人，听到枪声，从乡政府后门逃到隔壁乔家，李守和带着人冲进乔家，用枪抵着李全实的脑袋说："李奎胜！"

“我不是李奎胜，六哥你不认识我了？我是李全实。”李全实哆哆嗦嗦地说。

“哦，原来你是李全实呀，是我的拜把子兄弟！你小子胆儿肥了，竟然去跟‘霉老二’做事。老子今天要不是看在我们是结义兄弟的份儿上，就一枪毙了你！”李守和曾经和李全实结为兄弟，李奎胜的父亲与李树敏也是结义的兄弟，这两人是被解放军临时安排在乡政府征粮的。李守和非常熟悉李全实，却故意喊李奎胜的名字。

李守和把枪从李全实的头上拿开，对在一旁吓得瑟瑟发抖的李奎胜说：“去给李全实拿纸和笔过来。”

“李全实，今天我饶你一命，你现在写信去送给‘霉老二’，信这么写：‘霉老二，你们这些外乡人，侵占了我们李家的地和房，五老爷饶了你们，只要把枪缴了，愿意回家的就回家，跟五老爷干也可以。’”

李全实接过李奎胜递过来的纸和笔，趴在磨盘上战战兢兢地将信写好，递给了李守和。李守和朝李奎胜的屁股踢了一脚，喝道：“赶快和李全实去送信！”

驻守在李守文油坊里的山娃子和四十几个解放军战士听到枪响，冲了出来，看到广坪街上到处都是土匪，乱枪打过来，几个战士应声倒地。山娃子组织战士还击，见土匪人多势众，山娃子和战友们就且战且退，从广坪后街退到了银锭包，占据有利地形组织反击。

银锭包上长满了碗口粗的青杠树，荆棘丛生，山娃子让排长林双带一个班，用机枪封锁住北面楼子垭豁，自己带一个班，用步枪盯住南面的阳圈梁和截垭子。所有战士全部卧倒，用石头垒砌掩体，用强火力打退了土匪一次又一次的进攻。山娃子在银锭包布置防卫，调整战士的隐蔽位置和射击火力，鼓励战士们不要怕，不要乱开枪，以免暴露目标，等土匪进入射程后再射击。虽然解放军人数处于劣势，但山娃子指挥得当，双方对峙，李树敏丝毫占不到便宜。

李树敏见解放军战斗力如此之强，几百个土匪竟奈何不了几十个共军，十分焦躁。这时，李守和、刘青云押着李奎胜、李全实，来到银锭包下面。银锭包是一个孤立的山包，三面环水，一面正对着广坪老街，刘青云在四周的山梁上架设了机枪，封锁了银锭包四周的出路。

山娃子清楚土匪是一帮乌合之众，战斗力不过尔尔，心中一点不慌，就以银锭包天然的树木作为掩体，避开敌方火力，伺机还击，集中火力朝对方火力薄弱的一侧猛攻，试图打开一个缺口，突围出去。对峙了好几个小时，双方人马都已极度疲惫。山娃子穿着白色新衬衫，分外显眼，刘青云在望远镜后看得清清楚楚，他发现山娃子调度有方，就将李全实和李奎胜叫过来，说：“去给‘霉老二’送信。”

李全实和李奎胜见双方激战正酣，子弹密集，哪敢去送信。

刘青云朝天放了一枪，恶狠狠地对两人说：“不去是吗？我的枪可不长眼睛。”

万般无奈之下，两人举着个白旗子，朝对面大声喊：“别开枪，别开枪，我们俩过来送信。”

山娃子见是乡政府的文书，做了个手势，枪声停了下来。李全实和李奎胜胆战心惊地走到解放军的阵地前，山娃子从树后走出来，接过信，看后，将信撕得粉碎。

“我们共产党是要缴土匪的枪，怎么可能向土匪交枪？他们是白日做梦。”

山娃子接信的时候，走出掩体，整个人就暴露在土匪的射程之内。

刘青云从手下拿过一支长枪，瞄准山娃子，放了一枪，山娃子应声倒地。李全实和李奎胜吓得趴在地上，一动都不敢动。

排长林双看到山娃子倒地，从阵地的另一侧急行到山娃子身边。山娃子倒在血泊之中，已丧失了意识。解放军战士见大队长倒下了，群龙无首，立时一阵慌乱。战场上的微妙变化被李树敏看得清清楚楚，他见时机已至，马上带着土匪从四面掩杀过来，一边跑一边大声喊：“弟兄们，谁杀死‘霉老二’有重赏，杀一个‘霉老二’重赏一百个大洋。大家上，杀尽‘霉老二’！”

林双见土匪冲了上来，端起机枪，从树后冲出来，压制住土匪的火力，吩咐战士向山后撤离，哪知山后也出现了大批土匪。此时的情形相当危急，解放军已经处于腹背受敌的状态。山娃子倒下了，林双知道自己肩上的担子有多重，稍有不慎，就会全军覆没。已经身中数枪的他果断地冲在最前面，抱着机关枪拼命射击，用强火力压制住土匪，李树敏并不能轻易前进一步。

林双觉得体内的力气在一点点流失，手中的机关枪好像有千斤之重。绝望的气氛在慢慢蔓延时，林双欣喜地发现在银锭包隔河出现了一股解放军的增援部队，只听增援部队隔河大喊：“坚持住，我们来了!”部队是从安乐河赶过来的，虽然人不多，却带了几门迫击炮，立即打出的三发迫击炮弹，在广坪街北边的山包上开了花。林双再也支撑不住了，抱着机关枪一头栽在地上，鲜血将身下的土地染红。

李树敏听到炮声，大吃一惊，担心是宁强县城的解放军大部队来增援，急令土匪撤退。

刘青云杀得眼红，不肯撤退：“五哥，你不要怕，‘霉老二’没多少增援部队，我们杀过去，把他们都灭了。”

李树敏为人一向多疑，拉住刘青云说：“青云兄弟，见好就收吧，万一遇到‘霉老二’的大部队，咱们就全完了，再说，他们有炮啊！撤吧，留得青山在，不怕没柴烧，赶紧撤。”说完，他俩带着众土匪，趁着夜色，逃往贾家山。土匪中有一半是李树敏的佃户，在中途都溃逃了，到达贾家山时，只剩下一半人马。

广坪的暴乱给初生的地方政权带来了极大的损失，山娃子、林双以及十九名解放军战士不幸牺牲，幸存下来的战士个个挂了彩。

暴乱期间，李树敏和刘青云围攻解放军，柳芳和李守善则带领土匪在广坪街上高喊：“谁要敢给共产党做事，五老爷要把他们弄到河边开肠破肚!”柳芳高喊：“我五婆婆早就想在广坪河开人肉架子，看你们这些穷小子今后谁敢靠近共产党!”

交战期间，家家户户都闭门不出，这些土匪的叫嚣，在老百姓的心中留下了深深的阴影。一时间，老百姓对初生的政权产生了疑问，共产党能否长久执政？会不会像十多年前的红军部队那样再次撤离？

广坪暴乱的消息迅速传遍了宁强，也传遍了整个陕南。

十多年前，段远鹏和苏绪两人将山娃子带出宁强，一路转战，想不到却在广坪这个小阴沟里翻了船，段远鹏非常难受，一连几顿不吃不喝。

“老伙计，我们不是当年的小伙子了，心里再难受，饭还是要吃的。”苏绪给段远鹏泡了一杯热腾腾的绿茶端了过去。宁强盛产好茶，开水将茶叶冲泡过后，茶叶在杯子里翻滚，清香四溢。

段远鹏无心喝茶，说：“你说山娃子跟着我们，一向机灵得很，怎么就在广坪出事了呢？我当年可是答应了山娃子的父亲，将山娃子安安全全地交给他，谁知道……”

“宁强地处陕甘川三省交界，历来就是土匪出没之地，百年匪患不绝，再加上国民党残余部队和特务兴风作浪，更增加了我们工作的难度。”苏绪在段远鹏对面坐下来。

苏绪说：“现在县内各个地方的土匪、特务到处散播反动言论，说什么第三次世界大战已经打起来了，美国的原子弹已经将苏联和上海都炸平了，西安已经被国民党占领了，胡宗南到了重庆，裴昌会到了绵阳，广元的解放军都跑光了，朱毛一团糟……

并书写、张贴反动标语，蛊惑人心。匪特加紧破坏，打家劫舍，拦截军车，破坏交通，简直无恶不作。特别是宁西，土匪抢劫、杀人案频发，姜森带着特务拦路抢劫车辆，打死旅客，抢劫我军辎重。阳平关的暗匪，在姜森的鼓动下，分四路袭击了阳平关、燕子砭、城关和代家坝区公署。”

“那成连音呢？”段远鹏问。

“成连音还算坚定，在黎民觉老先生的鼓动下，反击了暗匪，保住了阳平关。”苏绪说。

“我们还是轻视了李树敏，犯了轻敌的错误，总认为宁西魏富堂和成连音的问题解决了，李树敏也掀不起什么大风浪，可偏偏是广坪出了大问题。对了，政委，我们报告打了上去，上级怎么说？有没有回电？”

“上级已经明确回电，为维护地方治安和川陕公路畅通，将在宁西成立剿匪指挥部，由你担任剿匪总指挥，剿灭宁西土匪，巩固新生政权。”

“好，政委，上级既然批准了，我们这就动手。”

“师长，你看派哪个团担任主力？”

“政委，你看呢？”

“吴友奇团。”段远鹏和苏绪异口同声。

吴友奇刚刚被提拔为团长，而班底正是原来段远鹏师里战斗力最强的主力营，转战陕南后，主力营扩编为团，由吴友奇担任团长。段远鹏命令：“通知吴友奇去宁西执行剿匪任务，即刻开往广坪。”

“师长，吴存银这两天在县城开会，会议结束回宁西之前来看望您了。”

“我们的司务长回来了，这个鬼见愁，我还真有点舍不得他，他人在哪里？”

“就在门外等。”

“快请他进来。”段远鹏站了起来。

吴存银三步并作两步跨进房间，见到段远鹏，首先敬了个军礼。

“师长，您瘦了。宁西的事情我们听说了，山娃子出事我也很难过，我知道他是您从宁强带出来的，不过，难过归难过，饭还是要吃的。”

段远鹏将那杯热腾腾的绿茶端到吴存银面前：“鬼见愁，来，先喝杯茶。你这个司务长走了，我吃饭不习惯，瘦了也正常。”

吴存银说：“那我还回来给首长烧饭。”

“胡说八道，你现在是宁西区的区长，宁西土匪猖獗，你要维护地方政权，保一方的平安，以后不许说这种混账话。”段远鹏严肃地说。

“是，一定执行好首长的指示。”

段远鹏转过头对苏绪说：“政委，中午我们一起和鬼见愁吃顿饭，请吴友奇也过来。”

苏绪说：“师长，我也是这个意见。”

“鬼见愁，吃过饭后，暂时在师部休息，然后和吴友奇的大部队一起走，不要单独行动。”

“师长，广坪出了事，我担心青木川那边也有问题，我更担心曹廷林。”

“不仅你担心，我也担心，曹廷林一直担任警卫连连长，为人直爽，火暴脾气，可宁西斗争形势复杂，李树敏阴险狡诈，我还真担心他应付不了。”段远鹏不无担忧地说。

二十一

李树敏在广坪暴乱的消息很快就传到了青木川，曹廷林集合了青木川驻军一个班七八个战士和十几个区队队员当即去广坪增援。

李树敏和刘青云率领匪徒退到凉树坪，但他生性多疑，在凉树坪四周布满了暗哨。当晚，和刘青云、柳芳等人将贾家山的毋木匠请了过来。毋木匠在宁西是个大名鼎鼎的人物，木匠活不行，是个端公，精通跳神，李树敏兄弟几人包括刘青云都非常迷信，因而对毋木匠敬若神明。

“毋木匠，你让你供奉的罗爷给我们指条路，看往哪个方向走?”

毋木匠也不搭话，在黑暗中跳了大半夜，等李树敏一伙眼皮都睁不开时，浑身大汗的他停了下来，指着西北方向说：“西北方向可去。”

李守和说：“西北方是大茅坪，我们就去大茅坪。”

李树敏思考片刻说：“好，通知兄弟们，明天中午到白杨树垭豁会合。”

第二天，曹廷林得知李树敏在凉树坪，就带着部队从白杨树垭豁向凉树坪挺进。而土匪们正在李树敏的带领下，从凉树坪往白杨树垭豁靠拢。曹廷林知道走大路不行，只能抄最近的山路，走到凉树坪后面的贾家山，可以居高临下，打土匪一个猝不及防。带的十几个人，每人配了一支长枪，曹廷林则提了一挺轻机枪。部队从回龙寺上大垭豁，然后向广坪河方向迂回前进了一个通宵，黎明时分，碰到一个山民。这个山民其实是李树敏安排的暗探，佯装主动为解放军带路，实则想将曹廷林一行引到白杨树垭豁。

曹廷林越走越觉得不对劲，此时已近中午，恰好遇到两个放牛的村民，村民就将广坪打仗的情况和李树敏在凉树坪的消息告诉了曹廷林。这时，那个暗探趁人不备，一溜烟逃走了。

曹廷林走到凉树坪后面贾家山的山顶上，得知李树敏和刘青云一干土匪躲在凉树坪的一家大户里，便兵分三路，打算迂回包围李树敏。

中午时分，土匪们吃完饭，只派了一人向广坪街方向警戒，其余的人则都在睡觉，丝毫没有想到会有解放军从后山上下来。凉树坪上柏树郁郁葱葱，地形复杂，走在最前面的三个解放军战士走岔了道，行至贾家山山房后，遇到一山民鬼鬼祟祟，误认为是土匪，便喝令其停下。山民拔腿就跑，战士鸣枪示警，第一枪蹭着山民头顶飞过，第二枪从山民身边穿过，射在石头上溅出火花，山民就势倒在地上。

枪声惊动了在屋子里休息的土匪。

刘青云听见枪声，提着一支“十子连”的短枪跑出来，迎面看到三名解放军战士。刘青云向冲在最前面的战士开了一枪，战士中弹倒地，想开第二枪时，才发现没有子弹了。两名解放军战士发现刘青云枪中没子弹了，包围上来，想抓个活口。

刘青云将短枪扔至一名解放军战士脚下，高举双手大喊：“我投降，我投降。”一名战士将长枪放下，打算弯腰去捡短枪，刘青云看准机会，就势一跃，在地上翻了个跟头，到了战士身边，抢过长枪，将其打死。另一名战士很年轻，缺乏经验，一时竟然忘了开枪，也被刘青云一枪杀害。

李树敏带着土匪夺门而出，向山湾的两侧奔去。李树敏、刘青云仗着熟悉地形，爬上了山顶，控制了制高点。土匪弹药充足、人多势众，又居高临下，向湾内密集扫射，湾内尘土飞扬。曹廷林等人完全暴露在火力之下，土匪黑压压一片蜂拥而来，曹廷林用机枪压制住土匪，让战士们边打边撤。

李树敏和刘青云发现曹廷林人手少，就率领土匪从四面八方冲了上来。曹廷林见战士们撤得差不多了，就扛着轻机枪从阳石岩树林中向山下撤退，土匪紧追不舍。曹廷林看到前方丛林中有一座农民烧木炭的废窑，就低头钻了进去。

眼见天就快黑了，李树敏又累又饿，带着几个匪首行至顺丫树坡里，让一个佃户给他们做饭。

曹廷林躲在废窑里，虽身处危险之中，却觉得一片安宁。看到夕阳慢慢落山，余晖照亮了群山，他不禁回忆起自己从参加八路军到现在的一场场战役，牺牲的战友们一个个在眼前浮现。曹廷林知道自己命悬一线，山里到处都是土匪，唯有指望天黑后混出去。他从怀里掏出随身带的宁西区公章和吴存银的私章，用石块将印章全部砸毁。轻机枪已经没有了子弹，曹廷林用石片艰难地挖出一个坑，将机枪掩埋在地下，将这一切都做完后，他浑身轻松地等待天黑。

带着土匪搜寻解放军的刘青云抬头看看天空，恨得跺了跺脚，命令土匪："放火烧。"

土匪们面面相觑，其中一个胆子大的小心翼翼地对刘青云说："不能烧山，山神会动怒的。"

刘青云冷笑一声："山神？老子就是山神！谁不点火，我就代山神杀了他。"

众土匪都是见识过刘青云的手段的，只得乖乖地点火烧山。农历四月，山野间一片葱绿，树丛间遍地都是枯死的丝茅草和落叶，火光熊熊，映亮了半边天。烈焰烧着了山上的草木，却烧不着躲在废窑里的曹廷林。火势越来越旺，曹廷林的心情也越来越低落，他清楚，大火四起，在废窑中很难藏身。曹廷林走出废窑，顺着山沟向山下走去。这时天色已经微微暗了下来，曹廷林已走到山口，再走几里路，就能跳出李树敏的包围圈。歇台山下有条小溪，溪水清澈，周边开满了野花，曹廷林正要跨过小溪，对面出现了两个匪徒，是李福、李栋兄弟两人。曹廷林穿着军装，分外显眼。两个匪徒看到曹廷林，二话不说，端起枪就朝曹廷林开枪。曹廷林见势不妙，就地一个翻滚，朝后退去。两个匪徒一前一后地追了上来。枪声惊动了附近的土匪，曹廷林心里直叫苦，只能顺着山路往山下跑。李福在后面开枪，一直打不中，突然觉得有人狠狠地推了他一下，从他手里抢过长枪。他回头一看，是刘青云带着人过来了。刘青云端起枪，瞄准了曹廷林，曹廷林只觉得大腿一疼，整个人扑倒在草地上，然后又艰难地挣扎着坐起来，一群土匪已经将他团团包围，冲着曹廷林说："快缴枪。"

曹廷林眼睛一闭，任其发落。几个土匪上来把曹廷林的衣服剥掉，将他捆绑起来，押着他走到李树敏休息的李正金家，再将曹廷林绑在院子里的一棵大樱桃树上。土匪们弹冠相庆，李树敏和刘青云吃完晚饭，又兴致勃勃地抽了大烟，心满意足后走到院子里。

土匪中的李正荣认识曹廷林，偷偷盛了一碗面汤，喂给又累又饿的曹廷林喝。

李正荣原来是李树敏卫队的队员，武艺极好，六秃子李守和带了几十条破枪和部分卫队队员去宁强县城接受改编时，李正荣就地参加了解放军。李守和偷偷从县城逃回来，将李正荣参加解放军的事告诉了李树敏。李树敏气得大骂李正荣是叛徒，就带着李守和等人去李正荣家，威胁李正荣的父亲："如果不把你儿子找回来，我就将你全家斩草除根。"

李正荣的父亲十分害怕，他知道李树敏心狠手辣，就以自己病重为借口，将李正荣从宁强骗回广坪。李正荣一回到家，看到老父亲身体康健，还没来得及开口，就被几个土匪绑到李树敏处。广坪暴乱的时候，李正荣被捆绑着关在屋子里，往贾家山逃跑时，李树敏觉得李正荣是个武艺极高的人才，就带着他一起走。

曹廷林喝了两口面汤，对李正荣说："全国都快解放了，不要当土匪，跟着共产党干才有前途，你去找吴存银区长，打土匪立功。"

话还没说完，刘青云一脚就将李正荣手里的碗踢翻了。

李树敏狠狠地看了曹廷林一眼，说："死到临头了，还说废话。"回过头问李正荣，"他是谁?"

李正荣直摇头："我不认识。"

"你不认识，给他喂吃的?"

"五老爷，我看他挺可怜的，就喂他喝口汤。"

李树敏转头对刘青云说："吩咐人招呼招呼这位共军兄弟，问出点东西来。"

刘青云一使眼色，手下的刘银、王文忠等人将曹廷林吊了起来，反复拷打，要曹廷林说出解放军的行动计划。曹廷林一言不发，遍体鳞伤。

李正金的老婆洗好碗，从厨房出来，她经常去青木川买核桃馍，见过曹廷林，不假思索脱口说道："快住手，你们把曹队长折磨成什么样子了?"

李树敏听到李正金的老婆这一喊，腾地从椅子上蹦起来："你认识这个'霉老二'?"

"五老爷，快住手吧，什么'霉老二'，他可是宁西区武工队的曹队长。”

李树敏大喜过望：“曹队长，想不到你落在了我们李家兄弟的手上，真是老天有眼啊！哈哈哈，青云兄弟，你可要好好照顾照顾曹队长。”

刘青云拿着藤条，往曹廷林身上一顿猛抽，曹廷林顿时晕了过去。刘银等土匪端来冷水，泼在曹廷林的头上，李守和说：“快说，‘霉老二’的计划是什么？”

曹廷林冷眼看了看李守和，一口带血的唾沫啐在了他那张蛤蟆脸上。李守和大怒，接过刘青云的藤条又是一顿猛抽。

轮番折磨后，曹廷林已经奄奄一息，但他始终闭口不答。李树敏向李守善使了使眼色，走出屋子。其他土匪见李树敏走了，也纷纷离开。

李守善将刘青云手下的一个秃子叫到面前，从口袋里掏出三个银圆扔在地上，指了指曹廷林：“去把他送走！”

李正荣在李树敏卫队多年，李树敏一个动作，他就知道什么意思。李正荣紧走几步，跪在李守善面前：“三老爷，饶了他一命吧！看在我多年为李家效力的份儿上，就留他一命吧！”

秃子见李正荣为曹廷林求情，迟疑了一下，没有动手。

李守善一脚踢开李正荣：“你竟敢为共产党说话，活腻味了是不是？”

说完后还不解恨，拿起带血的藤条朝李正荣就是一顿抽，大声对秃子说：“还不快动手？！”

秃子解开绑住曹廷林的绳子，将奄奄一息的曹廷林拖到院子外，随后传来了几声枪响。

李正荣听到枪声，知道曹廷林已经遇害，热泪夺眶而出。

李树敏也听到了枪声，对柳芳说："此地不宜久留。"

刘青云、李守和疑惑地看了看李树敏。

柳芳知道李树敏的心思，对刘青云、李守和说："李正金家离广坪太近，青木川的'霉老二'都能闻到我们的味道摸过来，难保他们的大部队找不到这个地方，所以，这儿不能久留。"

李树敏赞许地朝柳芳点了点头，说："老六，集合队伍，去桃儿树梁。"

二十二

吴友奇带着一个团从县城出发，和吴存银骑着宁强矮马走在队伍中间。吴存银心情沉重，在山路上穿行，脑子里想的全是曹廷林、山娃子和宁西的战友。部队急行到广坪街上，店铺见到共产党来了，都关门闭户。

吴存银下马敲了敲几户的门，都没动静。吴友奇很纳闷，转战多地，从来没有看到老百姓对共产党如此排斥的。此时，广坪河的农会干部和区队队员基本上被李树敏一干土匪绞杀殆尽，共产党部队来到广坪，没人送信、带路、提供消息，整个部队好像在盲人摸象。吴友奇将部队一分为三，主力驻在广坪街上；吴存银带一个营赶回青木川，守住宁西关口；三营长王全胜率部队驻守安乐河和燕子砭。

李树敏弟兄三人和刘青云在桃儿树梁住了两天，柳芳心细，派出四个暗探去广坪街探听情况。四个暗探先后回来，报告的是同一个消息，共军的主力部队已经驻守广坪河。

李树敏和刘青云的想法截然相反，刘青云要带土匪杀下山去，趁共产党立足未稳，杀他个人仰马翻。而李树敏的想法是避其锋芒，从桃儿树梁下山，走进大山中，向四川云雾山进发。两人争执不下，李守和、李守善都拿不定主意。最后，柳芳支持李树敏的意见，花了半天时间才说服了刘青云。一百多个土匪在李树敏的带领下，冒雨向川陕边境的付家山撤退。

李正荣走在队伍的中间，给李树敏背枪、水壶和烟枪。李家兄弟几人烟瘾都非常大，烟枪是从来不离左右的。土匪的队伍稀稀拉拉，李树敏和柳芳边走边谈，李守和、刘青云走在一起。

“树敏，我们下面和共党正规军打，恐怕不能没章法，得找个会打仗的。”柳芳对李树敏说。

李树敏看了看柳芳：“我们不是有刘青云和老三、老六吗？他们都是厉害角色。”

“单打独斗，这几个人都不差，要是谈起行军布阵，打仗韬略，这几个人恐怕都不是共党的对手。”

李树敏沉思片刻：“你来指挥！”

柳芳笑起来：“我更加不行了。”

李树敏没有搭话，两人走了许久，李树敏突然开口：“我们分散队伍，躲到深山老林里去打游击。”

柳芳摇了摇头说：“你别忘了，共党是靠打游击起家的，这一套，他们比我们精。”

两人的谈话，刘青云、李守和、李守善听得清清楚楚。

“五哥，五婆婆说得对，打打杀杀，我们这帮人没问题，但是要谈到行军打仗，共党高手太多了，不说别人，就说那个吴瞎子，我上次在新滩设了个铁桶阵，却还是被他生生逃脱了。”刘青云边走边说。

李守善、李守和也附和柳芳的说法。李树敏何尝不知道这一点，与共产党周旋，无论是武器和人员都处于劣势。

李守善说：“别的我不懂，要说广坪这一带，真能领兵打仗的，除了陈林方，恐怕没有第二个人了。青木川，六弟比较熟；安乐河、燕子砭，青云兄弟熟，你们想想有没有这种人才？”

李守和思考片刻说：“青木川打仗能超过陈林方的人，恐怕没有。”

刘青云不大服气：“陈林方，我怎么没听说过？”

李守和答道：“陈林方，原来在西北军干过，当过营长，后来听说去了共党的部队，不知道怎么回到广坪来了。”

“陈林方现在人在广坪吗？”李树敏停下脚步，在原地走了个圆圈。

“听说陈林方在关山湾，带着一帮穷小子在开荒。”李守善说。

“关山湾，关山湾，就在水观音附近，要是我们这帮人马去，广坪驻着‘霉老二’的主力，共党大部队肯定会发现。”李树敏摇了摇头。

柳芳对李守和说："老六，你带几个兄弟去请陈林方！"

李守善说："我也去。"

"好，派人通知老四带人今晚去木匠沟会合，那里相对比较安全。你们请到陈林方，就带到木匠沟来。"

李守和、李守善一行来到关山湾，已是夕阳西下。陈林方带着水观音的一帮乡亲开荒，劳累了一天，正打算收工，迎面碰到了李守和兄弟。

广坪河李树敏暴乱的事情，陈林方已经有所耳闻，李树敏已经对农会干部和解放军下手。血腥屠杀时，他正带着一帮人在开荒，并未在广坪街上。

李守善和陈林方相对要熟悉一点，一见陈林方，笑嘻嘻地说："陈林方，你在这儿开荒，大材小用了。"

陈林方被李守善说得摸不着头脑，又看到李守和阴着个脸，恶狠狠地看着自己，索性就不说话，沉默相对。

"陈林方，我们乡里乡亲的，明人不说暗话，现在五老爷正值用人之际，敬佩你是条汉子，请你出山，帮助我们去打'霉老二'。"

陈林方是共产党员，党费证就藏在贴身内衣里。他退伍后被安排在广坪河乡政府工作，响应县委发展生产的号召，带着一帮乡亲垦荒。

"李守善，我劝你们还是收手吧！向共产党投诚！现在全国都解放了，你们要认清形势。”陈林方坐在石头上，不紧不慢地对李守善说。

李守和脾气火暴，见话不投机，就吩咐手下将陈林方捆起来，押着陈林方往木匠沟走。到了木匠沟，夜已经深了，李树敏见陈林方被绑了过来，亲自给他松绑，好话说了一大箩筐，陈林方就是不同意替李树敏领军打仗。

李守和阴狠狠地说：“陈林方，我看你是敬酒不吃吃罚酒，不让你尝点苦头，你是不知道马王爷有三只眼呢!”

李守善急忙说：“老六，你怎么能这样和陈林方说话呢！他是我们请过来的客人。”

“客人？不愿意替我们李家兄弟打‘霉老二’，就是我们的敌人!”李守和恶狠狠地说，“毋木匠，把陈林方吊起来。”

毋木匠拿起绳子，上前想捆住陈林方，陈林方灵活地一侧身，让过毋木匠，反手扣住毋木匠的手腕，轻轻一带，将毋木匠拉至怀里，另一只手夹住毋木匠的脖子。一连串动作如行云流水。

“谁上来，我就宰了他，乖乖放老子走。”陈林方夹着毋木匠边说边退。

事发突然，刘青云、李守和都掏出了枪，而陈林方擒拿毋木匠时动作稍大，将藏在身上的党费证掉了下来。李树敏弯下腰，将党费证捡了起来，一看，脸色立刻就变了，将党费证交给柳芳。

柳芳冷笑一声：“原来是共党。”

众匪一阵骚乱，将陈林方团团围住。柳芳的弟弟柳光趁乱一个扫堂腿，将陈林方扫倒在地。陈林方手一松，毋木匠逃脱，众土匪一哄而上，制住了陈林方。

毋木匠在众人面前出了丑，气不打一处来，上前朝陈林方身上招呼了几拳脚。众匪将陈林方吊在院子里的大樱桃树上，严刑拷打。陈林方嘴巴紧闭，哼也不哼一声。

“李正荣，去茅坑舀一桶粪水来灌，看他开不开口。”柳芳恶狠狠地说。

李正荣一阵迟疑，对柳芳说：“五婆婆，陈林方可是我们的乡亲。”

“乡亲？他可是共党，是‘霉老二’！”柳芳狠狠地瞪了李正荣一眼。

几经折磨，陈林方已没了人样。李树敏和几个匪首交换了下眼色，虽没开口，众匪首都已经清楚了他的意思。

李守善还抱有一丝希望，和李树敏走到陈林方面前：“陈林方，我们乡里乡亲的，你还是跟着我们兄弟去杀‘霉老二’，咱们既往不咎。”李守善劝道。

陈林方闭着眼睛一声不吭。李守善朝李树敏叹了口气，李树敏眼中凶光毕露，朝毋木匠做了个手势。毋木匠端起枪，用刺刀活活戳死了陈林方。众土匪看到这种情形，都沉默不语。李正荣心里一阵难受，陈林方和在场的不少土匪都是广坪街上的邻居，想不到竟然惨死在木匠沟。李正荣看到李树敏如此残忍，后背一阵发凉，早已萌生的去意更加强烈。

李树敏对一干土匪说：“这就是跟着‘霉老二’干的下场。”回到屋里，李树敏坐在破椅子上，对几个匪首说：“死了张屠户，还不吃黑毛猪了。陈林方不愿替我们干，我们就自己跟‘霉老二’干。”

“共军主力来了，肯定是想剿灭我们，木匠沟虽然离广坪较远，但无天险可守，此地依然不可久留。”柳芳说。

几个匪首思考良久，都点头称是。

“问题是，这儿不安全，哪里才安全?”老四李守敦从后坝河带了几十个佃户过来，与李树敏会合，“到处是共军，广坪街和后坝河肯定回不去了。”

李守善接着说：“老是这样在山沟里躲来躲去，怕是弟兄们人心要散，人心一散，队伍就散，队伍一散，我们就完了。现在就有些人偷偷地逃走了。”

“我看还是和‘霉老二’真枪真刀地干一场。”刘青云说道。

李树敏脸色很难看，半晌没有说话，回过头问柳芳：“不是说美国已经和‘霉老二’动起手了，怎么宁强还有这么多的‘霉老二’? 国军在哪里?”

“现在是要狠狠地打击宁西的共匪，让兄弟们看到希望，提高兄弟们的士气。”柳芳看了看焦躁的李树敏，“为国军反攻做好准备，姜司令已经派人又送来了子弹和枪支，正在赶来的路上。”

二十三

吴存银跟随吴友奇的大部队返回宁西后，心神不定，在广坪饭都没吃，就带着部队与吴友奇分手，急急忙忙赶回青木川。一到区公所，就听说曹廷林带着十几个人去广坪增援，吴存银的心中涌起一阵凉意，他知道曹廷林这一去可能凶多吉少，于是立刻派出四路侦查员，去广坪周边打探消息。

派出去的人刚走不久，区公所外面来了个面容憔悴的年轻人，是地地道道的宁西山民模样，来了就要往里闯，被哨兵拦了下来，大声争执中，惊动了吴存银。

来人见吴存银其貌不扬，也没将他放在眼里，依旧吵吵闹闹地要见区长。大门口阳光刺眼，吴存银不动声色地眯着一双小眼睛看着这个年轻山民。

站岗的哨兵见吴存银不吭声，不知道区长葫芦里卖的是什么药，也拿不定主意到底要不要告诉面前的年轻人，区长就在他的眼前。

年轻山民依旧不依不饶，急得满头大汗。吴存银又看了会儿，对年轻山民说："我就是区长，你有什么事情就说吧。"

山民仔细打量着吴存银，不相信面前这位其貌不扬的中年人就是区长。两个哨兵看到吴存银发话了，说道："这就是我们区长，有什么你就说吧。"

年轻山民半信半疑："你就是区长？我有要紧的事情单独

汇报。”

“单独见面可以，兄弟你把身上的家伙先交出来，让我们暂时代为保管。”吴存银指了指山民腰间凸出的一块。

山民脸一红，从腰间摸出一支驳壳枪交给哨兵，迈开腿就要进门。吴存银拦住了他，又指指他的鞋子。

山民拍了拍脑袋，弯下腰，从鞋子里拔出一把裹着布的锋利匕首，递给哨兵。吴存银这才将山民领到里面的屋子。

这个年轻山民就是从李树敏那里逃出来的李正荣。

他趁李树敏带着土匪转移到付家山时，偷偷从山梁上翻滚下来，造成坠崖的假象。他连夜往回赶，本想回广坪河老家，但考虑到李树敏在广坪布置了眼线，就一脚赶到青木川宁西区公所，将这几天广坪河暴乱及李树敏兄弟几人杀害曹廷林、陈林方的过程一一讲述给吴存银听。

吴存银越听越气愤，脸色铁青。这时，派出去的几个侦察员也回来了，纷纷证实了曹廷林等人惨遭毒手的消息。

吴存银心如刀绞，山娃子、曹廷林在段远鹏师长、苏绪政委身边战斗过多年，枪林弹雨中不知出入过多少次，尤其是山娃子，段师长时刻带在身边，看到全国即将解放，才将山娃子放到家乡工作，想不到却牺牲在宁西。多年的战友情，让他觉得非常难受，愧疚、自责、痛苦等情绪涌上心头，他恨不得拿起枪去和李树敏拼命。但是，多年的斗争经验使他迅速冷静下来，他知道宁西区长这副担子的重要性，冲动只会造成战友更大的伤亡。他迅速盘算了一遍，首先对李正荣甄别再甄别，能不能相信李正荣？能不能放心地使用此人？在得知李树敏的大股土匪将要翻过老林沟，驻扎在付家山一带时，吴存银做出了一个大胆的决定。

他走出房间，从哨兵处要回了李正荣的驳壳枪和匕首，双手递给李正荣，说："在宁强县城，你已经加入了解放军，你就是我们的人，现在，你又将李树敏这帮罪大恶极的土匪的行踪报告给了政府，本来应该立功嘉奖的。但是，由于斗争形势的严酷，还不能大张旗鼓地表彰你，只能将功劳记在这里，等到剿灭土匪的那一天，我再给你开表彰大会。现在，组织上还需要你回到李树敏这帮土匪的身边，将他们的活动随时报告给我们。"

李正荣听了大为不解："我好不容易才从土匪窝里逃出来，现在却又要我回去，说什么我也不干，我还要回去保护我爹呢。"

吴存银拉住李正荣的手："正荣兄弟，你爹就是我爹，我们广坪驻军一定会保护好你的亲人。现在，部队非常需要你回到李树敏身边，而且，我这儿还有另外一个人，陪你一起回去，两个人好有个照应。"

李正荣还是不同意。无奈之下，吴存银说道："正荣兄弟，我正好要去广坪，青木川离广坪很近，咱们等夜色暗下来就出发，我们一起去看看令尊大人。"说完，吴存银拍了拍手掌，从里屋里走出一个上了年纪的人，五短身材，头发有点花白，但身体显得挺强壮。

吴存银对李正荣说："正荣兄弟，我来介绍一下，这位马保长，也是你们宁强人，十多年前就帮助过我们红军，我打算让他和你回到李树敏身边。"

李正荣身手极好，看到马保长头发都白了，又是五短身材，不免小看了几分。

马保长伸出手去和李正荣拉拉手。李正荣情知按宁西的规矩，庄家出手，这是要试试功力。但他哪将马保长放在眼里，人也没站起来，就将手伸过去，只觉得一股力量传了过来，慌忙中一使劲，哪知道手腕已经被人扣住。李正荣心中一惊，另一只手搭住马保长的手腕，打算反擒拿。马保长借力使力，将李正荣往怀里一拽，趁他下盘不稳，轻轻一扫，将李正荣就地放倒，再将他双手反制身后。

李正荣从地上爬起来，面红耳赤，朝马保长抱了抱拳："前辈，多有得罪!"

马保长哈哈一笑："承让，承让。"

夜幕降临，吴存银让人将晚饭送到屋里，简单用过后，三人蒙着脸，挑了三匹快马，直奔广坪吴友奇团部驻地。

吴存银拉下蒙在脸上的面罩，与站岗的哨兵打了个招呼，直接闯进吴友奇的办公室。吴友奇在昏暗的油灯下反坐在椅子上，双手扶住椅子背，正紧紧盯着宁西的地图，一筹莫展。

见吴存银深夜带着两个人进来，非常意外："你这个鬼见愁，神神秘秘的，半夜跑到我们团部，有什么好事告诉我?"吴友奇一边说，一边拉凳子。

"还真有好事，马保长你是认识的，这位李正荣就是广坪街上的人，原先在李树敏的卫队里，后随李守和去县城缴枪，加入解放军，李树敏听说后威胁他爹，他回家后被抓了起来，这次是从李树敏土匪窝里逃出来的。”吴存银向李正荣招了招手，“你将在土匪窝里见到的，原原本本地讲给吴团长听！”

吴友奇听罢，缓缓地说道：“原来李树敏要将老巢安在付家山。”又对着地图沉思起来，过了半晌，他对李正荣说：“现在广坪已回到解放军的手中，你不用担心家人安全，不过你现在还不能回家，李树敏在广坪河势力很大，这会儿，肯定安排了许多的暗探。我安排人暗中保护你的家人。”

“正荣兄弟，你这下放心了吧！今夜就和马保长去付家山找李树敏。”

“长官，我想回家看看老父亲，我家离长官的团部也就一里路，走过去很近。看到老父亲后，我就上山。”

吴存银摇了摇头：“正荣兄弟，李树敏在广坪街布满了眼线，你暂时还不能回去。我们共产党是说话算数的，等合适的时候，会让你们父子见面的。”

李正荣欲言又止，马保长扯了扯李正荣的袖子：“走吧。”

两人走后，吴存银对吴友奇说：“团长，付家山在宁西川陕交界处，呈东西走向，绵延四十余里。付家山的山梁就是陕西和四川的分界线，山势险峻，易守难攻，李树敏将老巢安在那里，真是老谋深算。”

吴友奇指了指地图：“山梁南就是四川境内的梧桐院，梁北就是广坪河，我们团部就处于付家山东端脚下的广坪街，从这儿出发，到老林沟要走二十里山路。李树敏重点布防的老林沟，处于付家山山梁的中段，是突兀在山梁上的一段陡峭的山崖。两端是平行的高度约二十米的石崖，由下而上成六十度的坡度斜插在梁顶，石崖之间是宽约两米的一条狭渠，而崖下则平缓开阔，是一片灌木丛，再往下，就是一片开阔的庄稼地。从崖上看下面，一览无余，而想爬上山，则难上加难。王木渠三面环山，丛林密布，上山的道路蜿蜒曲折，陡峭难行，队伍只能单列前行。我们要去付家山，经王木渠上去翻过大梁垭豁是必经之路。”

吴存银紧锁眉头：“王木渠地势险峻，易守难攻，要是李树敏在这里架上几挺机枪，后果不堪设想。”吴存银在地图上点了几个位置。

“原来我团苦于探听不到土匪的驻地，现在李正荣将情报传递给了我们，还有什么可怕的，胡宗南在宁强部署了这么多正规军，还不是被我们都轻轻松松地拿了下来！大安、牢固关、七盘关，哪个关隘不比王木渠险峻，更何况，李树敏这帮土匪是乌合之众，战斗力根本比不上国民党的正规军。鬼见愁，你不要多虑。”

吴存银看着信心满满的吴友奇说：“团长，我看还是要小心为上。我在新滩遭遇过土匪，不容易对付，差点把命搭上了。”

吴友奇大笑着拍了拍吴存银的肩膀：“你就是疑心太重，战机可是稍纵即逝，一帮土匪，你不要太担心。”

吴存银还想说，被吴友奇制止了：“吴区长，什么都别说了，天亮后即刻召开作战会议，进攻付家山，活捉李树敏。”

“团长，你要慎重，是不是把作战方案跟段师长和苏政委汇报一下再作定夺?”

“等师部批下来，黄花菜都凉了。”

吴存银叹了口气，退了出去。走出院子，他感到阵阵寒意，举头看着月亮被乌云遮住，时隐时现，竟不由自主地产生了一种不祥的预感。他在吴友奇的团部随便找了个地方和衣躺下，眼睛闭上，却怎么也睡不着，于是起身连夜赶回青木川。

吴友奇要去王木渠剿匪的消息在广坪街上传开了，早就有人将情报传递给了李树敏。天已黑，李树敏听到这消息时，正在敲打满身是血的李正荣和马保长。李正荣报告李树敏，从木匠沟跟随人马转移时，不小心跌下山沟，被马保长所救，就想带着马保长来入伙。

李树敏半信半疑，而李正荣一口咬定，马保长则一言不发。探子过来说吴友奇带大部队来进攻时，李树敏脸色凝重，顾不上审问李正荣，赶紧召集柳芳、刘青云及李家兄弟一起商量对策。

“共党这回大部队来了，兄弟们看看如何应对?”李树敏说。昏暗的油灯下，李树敏面容狰狞。

“来得正好，我们跟‘霉老二’干。”刘青云第一个跳了起来。

李守和、李守敦也附和刘青云。李树敏沉着脸，没表态，看看坐在身旁的李守善和柳芳，侧身问道：“老三、夫人，你们看呢?”

李守善看看沉思中的柳芳，犹豫了一会儿才说道：“共军战斗力很强，这次是有备而来，恐怕不易对付，我看还是避其锋芒，从长计议。”

“三哥，你怕什么？‘霉老二’不也是一个脑袋两只手，又不是三头六臂，我们两百号兄弟，还有姜司令送过来的机枪，对付几个‘霉老二’绰绰有余！”刘青云对李守善大声说道。

“夫人，你说呢？”

“我来的时候认真查看过王木渠的地形，王木渠易守难攻，前几天姜司令给我们送来五挺机枪和几个机枪手，正好派上用场。东西两端各配上两挺机枪，中段石崖上有棵大树，也配上一挺机枪。其余的兄弟分成三列，分别埋伏在东中西三处的密林中，等共军走近了再打，居高临下，威力极大。”

李树敏点点头，对几个匪首说：“既然‘霉老二’想把我们兄弟赶尽杀绝，我们也不客气，中间我和柳芳带队，刘青云带着你的兄弟去东边设伏，老三、老四带两挺机枪去西边树林。‘霉老二’要翻过老林沟，必须经过王木渠中间的那条山路，我们就在那儿将共党歼灭。据可靠消息，今天共军已经动员了，明天早晨出发，从广坪到王木渠大概二十里路，上午就会到，我们要尽快设伏。”

李树敏和众匪首在屋子里谈话的内容，马保长和李正荣在屋外听得清清楚楚，都不由得倒吸一口凉气。两人走到僻静处，李正荣说：“马保长，李树敏有机枪，解放军肯定要吃亏。”

马保长叹了口气：“正荣兄弟，王木渠地势险峻，一夫当关，万夫莫开，如果强攻，恐怕要吃大亏。”

“那怎么办？你倒是想想办法！”李正荣急得团团转。

“你看这黑灯瞎火，到哪儿想办法？要想办法，也得天亮。”

李正荣不明白马保长的意思。

“要么，我偷偷回去报信。”李正荣对马保长说。

“胡说，你以为你是谁，能飞檐走壁？这四周全是李树敏的人，你走得进来，能走得出去吗？”

“那怎么办呢？”

“天亮再说，现在去睡觉，明天早起。”

李正荣左思右想，一夜无眠，清晨才勉强入睡，刚睡着，就被马保长叫醒。两人偷偷来到山顶，大雾弥漫，马保长手一伸，变魔术般从半空中抓到一只鸽子，在鸽子腿上绑了个布条，一抬手，鸽子在半空中转了几圈，就向远方飞去。

李正荣奇怪地看着马保长，“鸽子晚上是不能飞的，你这都不懂吗？”马保长对一脸茫然的李正荣说道。他接着又喃喃自语：“但愿能收到。”

吴存银收到了飞鸽传书。他从鸽子腿上解下布条，一看，脸色大变，立即骑上马飞奔而去。

吴友奇带着部队从广坪街出发，去王木渠打土匪，竟然找不到一个带路的人。队伍走到寺坝时，看到有二十多人在插秧，几个战士上前去，想找两个人带路。插秧的农民一见解放军向他们走来，立刻扔下秧苗，四处逃窜，只有一个年纪大、腿脚不灵便的农民被解放军挡住，好说歹说，就是不愿意带路。吴友奇怒火冲天，心想为你们去打土匪，竟然连路都不愿意带，自己跟随段远鹏转战南北，从来没遇到过这种情况。因为军情紧急，特务连长采取了强制措施，农民方才同意，一再磕头作揖，要解放军不要伤害他和家人的性命。正当特务连长和老农民纠缠不清时，吴存银快马赶到，冲到吴友奇面前，说：“团长，赶快撤！”

吴友奇见吴存银风尘仆仆、一脸大汗，不解地问：“鬼见愁，你怎么赶过来了？”

吴存银赶紧将吴友奇拉到一边，将用血写着“王木渠有埋伏”的布条交到吴友奇手里，并在他耳边说了派人到李树敏处卧底的情况。

吴友奇哈哈大笑：“对付个毛贼，还用得着这么用心？你是被土匪吓破了胆，鬼见愁，我看你还是当司务长合适。”

吴存银说：“团长，这帮土匪心狠手辣，何况在王木渠有埋伏，不可不防，我看还是撤吧。”

“土匪埋伏在王木渠最好了，我一起收拾了，省得他们躲在深山老林里，找也找不到。”

“团长，你要三思，最好问问师长和政委。”吴存银苦苦相劝，但吴友奇就是听不进去。

吴友奇指指战士扛的迫击炮说：“看到这个没有，我轰死他们。你就等着我们的好消息吧！”说完，他撇下吴存银，跨上马，带着队伍向王木渠奔去。

吴存银目送吴友奇远去，站在原地，呆若木鸡。

吴友奇带着部队经茅坪里进入侯家坪时，已经是中午时分，一团薄雾笼罩在老林沟的山头，从山下望山上，云雾缭绕。李树敏率众土匪早就布好阵势，五挺机枪分别位于王木渠的东中西三路，形成交叉火力，从山上往山下看，一览无余。

吴友奇率领部队到达王木渠下面，拿起望远镜，上下左右看了一遍，心中一阵打鼓。要翻过王木渠，只有中间一条仅能供一人通行的道路，而道路两旁都是茂密的树林。

吴友奇命令炮兵向山上开炮，做火力试探。一发迫击炮炮弹飞到李树敏身边，他正在悠闲地抽大烟，吓得连滚带爬地藏到一块岩石下面，刚想吩咐机枪手开枪，被柳芳拦了下来："等等，等共军近了再打。"

吴友奇见山上没有反应，命令先头部队排成一列，从崎岖的山路上向山头爬去。这时，柳芳站了起来，朝解放军开了第一枪，随后五挺机枪纷纷开火。中间崖顶上大树下的李树敏、柳芳带着机枪手，架着火力最强的那挺机枪猛射。机枪手原先在胡宗南手下当连长，军事素养极好，在剑门关被解放军打散后，流落到广坪，就跟随李树敏当了土匪。解放军官兵猝不及防，纷纷倒地。

几名身手好的战士在地面匍匐前进，穿行到西路土匪架机枪的巨石下面，不顾枪管的灼热，抓住正在射击的机枪，拼命往下拉。土匪的机枪手是姜森派过来的，使劲抓住机枪不放手。正在双方僵持之际，刘青云、李守和快速绕到解放军战士背后的山梁上，一连串的点射，几个战士全部牺牲，机枪手也被打死。

吴友奇见此情形，心如刀绞，怒火攻心，命令炮兵朝土匪开炮。但山上浓雾很大，炮弹不是飞过山梁，就是落在自己的阵地上爆炸，偶尔有一两发炮弹落在山梁上，也构不成威胁。已经在半山腰的解放军被土匪包围，绝大多数倒在了土匪的枪口下，而山下的解放军根本冲不上去，一次又一次的冲击都被居高临下的密集火力压制，只好眼睁睁地看着战友一批批地倒下。

解放军伤亡巨大，吴友奇情急之下拿起冲锋枪，就要往山上冲，被警卫员死死抱住。战斗一直从上午打到午夜，战士们只吃了早饭，至深夜水米未进，十分疲惫，吴友奇眼含热泪，无奈命令撤退。

刘青云一看解放军撤了，就想去追击，被柳芳喝住。刘青云不解，问道："五哥，正是追击'霉老二'的好时机，为什么不让我去?"

李树敏指着山下："你看看'霉老二'伤亡这么大，却一点都不慌乱，撤走时，井然有序，军纪严整，哪像一支打了败仗的部队？我们不过占了地形的便宜，设置了埋伏，才侥幸惨胜。要是没有地利，我们兄弟恐怕早就成了'霉老二'的下饭菜了。"

李守善、李守敦对李树敏的判断都非常赞成，两人也算见识了解放军的战斗力，虽然侥幸占了点便宜，但众匪心中却是越来越恐惧。

二十四

段远鹏在宁强县城接到王木渠剿匪失利的报告，大为震惊，吴友奇的团是主力师的主力，装备精良，战士训练有素，竟会被李树敏这帮土匪打成这样，还造成重大伤亡。段远鹏在师部会议上狠狠批评了吴友奇，给了吴友奇严厉的处分。他和苏绪商量，将宁西剿匪总指挥部移至广坪河，靠前指挥，对宁西地区的李树敏、刘青云等残匪集中力量，打歼灭战。同时与川北、甘南解放军取得联系，协同作战，务求全歼。段远鹏命令贾振礼团到甘肃武都地区，从北向南围剿；孙继先团到宁强以南的黄坝山、朱坝山一带向北围剿；师部则带领吴友奇团驻在广坪，防止李树敏向甘川逃窜。

段远鹏和苏绪到广坪后，发现部队士气低落，群众对解放军戒备得很厉害。段远鹏决定不急着去剿匪，而是和政委一个一个连队去跑，做官兵的思想工作，克服部队中存在的畏难和急躁情绪。同时，他向宁西的各个村落派出武装工作队，大张旗鼓地宣传党的剿匪政策，充分发动群众，给老百姓讲形势、抓生产、搞土改，将李树敏等匪首的土地分给老百姓。一开始，没有一户老百姓敢去领土地。段远鹏和苏绪一再表示，土匪一天不消灭完，解放军就一天不撤军。经过一段时期的宣传，许多老百姓试着去接近解放军，但是武装工作队发现了一个问题。

宁西山高林密，人烟稀少，很多老百姓家中都有人被李树敏拉去背过枪、种过地。李树敏的土匪武装主要由三部分人组成，一是地方上的地痞流氓，这是他赖以起家的骨干力量；二是被解放军打垮了的国民党军队的散兵游勇，这些人大都是兵油子，会打仗；三是李树敏兄弟几个的佃户，这些佃户平时给李树敏几个兄弟种庄稼，有战事时则拿枪打仗。李树敏的土皇帝当惯了，自己制定了一条规定，每家佃户必须自己花钱到李树敏那儿买一支枪，打仗时必须要去。佃户们哪敢说个不字，都是被逼着去打仗的。

段远鹏了解到李树敏控制部下主要有两种方法：

一是用小恩小惠拉拢。李树敏的老婆会骑马打枪，每次出战前，都会像母亲对待儿子一样，对上战场的土匪一个个地关切问候，很多土匪都听李树敏老婆的。一场仗打下来，李树敏总要给参战者二三十个银圆甚至更多，重赏之下，许多土匪成了亡命之徒。

二是李树敏在给甜头的同时，不忘用武力进行威胁。李树敏在广坪扬言，谁不听他的，就把谁往死里整，或者送到宁强去当壮丁。而李树敏在广坪河坐大，同魏富堂一样，很少买国民党的账，因此在广坪，国民党是不能摊派壮丁的。佃户们想，与其作为壮丁去异地卖命，还不如在李树敏那儿干，同时可以照顾家小。

李正荣就是这么进了李树敏的卫队。此刻，他和马保长混在李树敏的土匪队伍里在山中游走，也不知道落脚在何方。两人目睹了解放军在王木渠的受挫。马保长纳闷，难道那封血书没有送到吴存银手中？自从段远鹏带领解放军进入宁强以来，马保长就一直和解放军有联系。段远鹏对马保长尊敬有加，许多事情都去请教马保长。而吴存银去宁西当区长时，段远鹏郑重地将马保长介绍给了他，马保长和吴存银单线联系，在广坪河暴乱后，受吴存银指派，打入土匪队伍中。

段远鹏和苏绪为争取大多数群众，制定了一条政策，“首恶必办、胁从不问、立功受奖”，让做小土匪的交枪、自首，只要说清楚问题，就可以得到宽大处理，既往不咎。

这一条政策广泛宣传后，方圆几十里当过土匪的人，都去广坪剿匪指挥部交枪、自首，有的还主动向解放军汇报匪首的一些情况。

段远鹏命令武装工作队一面发动群众抓生产，一面铲除了土匪种植的大烟，以断绝土匪的经费来源。

几个月下来，宁西的人心基本安定了，也断绝了匪徒的经济来源，更瓦解了匪徒赖以生存的社会基础。

段远鹏在全师挑选了武艺高超、机智灵活的战士组成侦察队，一律穿便服，携带短枪，深入宁西各个村子了解情况，平时帮助老百姓干农活，吃住都在百姓家，逐步取得了老百姓的理解和支持。而此时，李树敏的土匪队伍依然非常嚣张，在宁西的乡村游走不定。

青木川四面都是山，傍晚，太阳在山垭口努力停留，慢慢地，一轮耀眼的圆球就变成一只红黄色的圆盘，火烧云映红天际，转瞬间，阴影越来越浓。

山民冯用材看着即将沉入山际的太阳，深深叹了口气。没做完的农活，只有等明天了，日子太忙，真恨不得用根棍子将太阳撑起来。想想家里还有瓦匠在干活，在暮色的催促下，他扛起农具，急急往家赶。冯用材知道，暮色也不会等他太久，黑夜随之而来，他要赶回去给瓦匠烧晚饭，再陪忙活了一天的瓦匠喝上两杯。回家的路上，冯用材想起当年李政杰为抢夺冰香子，逼自己悔婚，在院子外大闹，结果枪意外走火，打死了他的母亲魏守芳。事情惊心动魄，至今想起来他仍然心有余悸。

魏富堂心疼胞妹，到广坪兴师问罪，经五婆婆柳芳调解，才悻悻地连夜回去。而魏富堂前脚刚走，李树敏就带人要杀冯用材，要不是李守质死命拦住了李树敏，恐怕这条命早就交待了。李树敏一气之下，将冯用材的房子烧得一干二净，将其赶出广坪河，威胁他永世不得踏进广坪一步。

万般无奈之下，冯用材在广坪和青木川边缘的荒地里暂时安顿了下来。这个地方前不靠村、后不靠寨，只有冯用材一人孤零零地住在那里，简易的房子后面是大山和森林，常有野兽出没。

暮色中，冯用材隐约看到房后林中有个人影晃动了一下，起初没注意，只当自己眼花。再往前走，他看到一个人穿着黄衣服，背着一个破烂的背包蹲在那里。

冯用材走近，穿黄衣服的人站了起来，是个中年人，中等身材，眯着个眼睛，衣服脏乱，左边裤腿有个洞，鲜血已将裤子染红了一大片。

中年人对冯用材说："老乡，借一步说话。"冯用材一听是宁强本地口音，就大着胆子朝中年人走去。

"你家有几口人？"中年人很和蔼。

"就我一个……今天家里有个瓦匠。"冯用材说。

"你们这儿有土匪吗？"

"有，叫张明举，李守和手下的，他家离这儿还有点远。"冯用材老老实实地回答。

中年人说："老乡，我是中国人民解放军，叫吴存银，是宁西的区长，专门打土匪的，你别怕。我现在大腿负伤，想在你家养下伤，不知可不可以？"

冯用材想了好长时间，面色阴晴不定，半晌才点了点头："我回去先把瓦匠送走，你先藏在屋子后面，等天色暗了，我再来接你。"

吴存银点了点头，但是仍将手紧紧地按在腰间的驳壳枪上。吴存银藏在屋子后，寒冷一阵一阵袭来，失血过后，身体极度疲惫。原来，吴存银遭遇了李守和一帮下山取粮的土匪，短兵相接。区队队员都牺牲了，他边打边撤，在山间与李守和周旋，幸亏李守和急着取粮，并不恋战。此时，吴存银心中最担心的，是马保长传递情报的鸽子，他要抓紧时间回到青木川。

吴存银在屋子后面，觉得时间过得太慢，但是一条腿已经麻木了，像常人那样奔跑已经不可能，此刻只有和命运赌博，他下意识地看了看腰间的武器。一个人影慢慢地走来，吴存银一点力气都没有，还好，只有一个人。他试图挣扎着站起来，一个踉跄，栽倒在草丛中，不省人事。等他醒过来的时候，只觉得身下非常柔软，用手摸了下，是厚厚的稻草上铺着的席子。

“总算醒了，先吃两个红薯吧。”吴存银已经饿了很长时间，红薯刚刚烤过，冒着香喷喷的热气，吴存银狼吞虎咽地将红薯吃下去，稍微恢复了点元气。

“我家穷，没什么好吃的，只有这些粮食。不过，我这儿有酒，自己酿的苞谷酒，你要不要来两口?”

吴存银见山民淳朴厚道，放下心来：“好，来两口。”

“你等等，我温一下。”冯用材说完，顺着梯子下去了。吴存银这才四处打探了一下，发现自己躺在阁楼的杂物间。不一会儿，酒香四溢，冯用材端着两碗热腾腾的苞谷酒，爬到阁楼上，端到他面前。

“好酒，你也来一碗。”吴存银趁热喝了一大口。

“你喝，刚才我陪瓦匠喝过了，送走他以后才来接你，好不容易背你上楼。尿桶在你脚那头，你睡吧，明早我上来给你送早饭。”

吴存银端起另外一碗热酒，一饮而尽，将碗递给冯用材，说：“老乡，蒋介石快完蛋了，土匪也快玩完了，我们在搞土改，给老乡分土地。我在你家吃饭，给你开张证明，以后可以抵公粮。”

冯用材含含糊糊地答应了一声，下了梯子，将梯子撤到一边。不一会儿，吴存银就听到楼下鼾声响起，他也很快进入梦乡。

吴存银醒来时，天已大亮，发现身旁的小凳子上有两个热乎乎的玉米面窝窝头。

吴存银侧耳一听，楼下似乎有瓦匠推拉瓦桶的响声，将两个窝窝头吃掉，继续躺下来，不一会儿，又睡着了。不知睡了多长时间，迷迷糊糊中他被屋子里的人声吵醒。

“你见过‘霉老二’没有?”一个人粗声粗气地问道。

“见过。”吴存银一听，心中大惊，将驳壳枪子弹上膛，拉开保险，手榴弹也悄悄地拧开了盖。

“‘霉老二’在哪里?”

“我还是十多年前见过‘霉老二’，哪知道他们现在在哪里?”冯用材没好气地答道。

“老子问你，你家有没有来过‘霉老二’?”旁边的一个人问道。

“呦，原来是六老爷，快来喝杯酒。”

李守和定睛一看，哈哈笑了：“我说是谁，原来是冯用材，想不到你个兔崽子从广坪搬到这个地方来了。”

“六老爷，我不从广坪逃出来，难道等着五老爷砍我的脑壳?”

“你个兔崽子，大老爷和我都为你求过情，你说你那个熊样，一个佃户惦记着冰香子干什么！不是自己找死吗?”李守和用枪点点冯用材的头。

“话可不能这么说，是五老爷答应将冰香子嫁给我的，他这么大个老爷，怎么能说话不算数?”

“你个死脑筋，就死了这个心吧！老实告诉你，等把‘霉老二’赶走，五老爷要娶冰香子的。”说到这儿，李守和拍了拍脑袋，对冯用材说：“昨天我们在山里打散了一个‘霉老二’，估计会从你这里路过，你当真没看见？”

“六老爷，你不相信我可以，你问问做瓦的师傅看到过没有。”冯用材指了指瓦匠。

瓦匠连声说没见着。

李守和还是将信将疑：“我怎么闻到有血腥味？”于是他拎着枪四处察看，一抬头，发现有个阁楼，便将枪插在腰间，搬着梯子就往上爬。吴存银在阁楼上听得清清楚楚，四处张望了一下，阁楼空间狭小，再无藏身之处。冯用材看到李守和搬梯子，脸色都吓白了。

李守和搬着梯子往上爬，当爬到第三级时，梯子的横挡断了，李守和猝不及防，一个倒栽葱从梯子上摔下，腰间的枪也从半空中滑下来。土匪张明举和冯用材两人急急上前，一起托住了李守和。冯用材心中暗喜，心想真是老天有眼。

两人把李守和扶到火塘边，冯用材说：“六老爷，我去烫酒做饭，你们先歇着。”

冯用材打了满满一壶酒，置于火上煨热，拿出四个土碗，一人倒了一碗。

李守和喝了一大口，大喝一声：“好酒！”随即一饮而尽，“在山里转来转去，嘴里都淡出个鸟来了，冯用材，真是好酒！”

李守和、张明举来的时候，天空中正飘着小雨，李守和身上已经湿了，他将外衣脱下来，扔在火塘边烤，又从煨热的酒壶中倒了一碗酒。

不一会儿，冯用材将午饭端了上来。瓦匠飞快吃完去做瓦，火塘边只剩下三个人。冯用材连连劝酒，不一会儿，李守和、张明举已经半醉了。

这顿酒一直喝到傍晚，瓦匠收工回家时，还没喝完。李守和看到天色已暗，摇摇晃晃地对张明举说："我们走。"

张明举对冯用材道："我这次不跟六老爷进山了，如果遇到'霉老二'，立即向我报告。"

两人走后，冯用材关上柴门，端着食物送到阁楼上："两顿没吃了，赶紧吃点东西。"

吴存银大腿上的伤口越来越恶化，大腿被子弹打了个洞，伤口早已开始化脓溃烂。冯用材看得触目惊心，说："明天我上山采些草药回来。"

"你去找一些干净的布条来，再打一碗酒上来。"

冯用材做了个鬼脸："我酿的酒神仙都要喝，我去热两碗。"

吴存银见他会错意，就说是想用酒消毒，说完把布条浸在酒里，在挎包中取出步枪的探条，吩咐冯用材将布条捅进伤口。他双手紧紧抓住木板，嘴里死死咬住一块布，一声不吭。冯用材看到他满头大汗，全身的衣服都湿透了，说："你疼就喊两声。"吴存银摇摇头。

挤出脓血，消毒完毕，吴存银整个人好似虚脱一样。他挣扎着问道："你跟李家很熟?"

冯用材长叹一声，将之前的恩恩怨怨说了一遍。

吴存银听后点点头："李树敏霸占冰香子，想都别想！等到消灭了土匪，我给你做媒。"

冯用材眼睛里闪出火苗："真的?"

"共产党说话算话，我们还要进行土改，给你分土地。"

冯用材将瓦匠支走，每天去大山里采摘些草药，给吴存银包敷。十几天过去了，吴存银的伤口渐渐愈合，可以撑着拐杖缓慢行走了。

吴存银每天都在想着马保长的信鸽，他非常担心马保长和李正荣，也担心青木川的部队和武装工作队。虽说魏富堂在县城，但青木川情况复杂，哪怕一点点的疏忽大意都会酿成大祸。吴存银吃过早饭，对冯用材说："我走了，谢谢这么多天你对我的照顾，我给你写个证明。"

"写啥证明，我又不识字，你的腿伤还没好透，在这儿再住两天，又没人赶你走。我知道了，你是怕土匪再来，放心好了，我这儿偏僻得很，很少有人来，你藏在楼上，没人发现的。"

吴存银笑了笑："你别多心，我是要赶着归队，有很多事情要去办，我还要给你做媒呢!"

一句话说得冯用材脸红了，但喜悦之色溢于言表。

"你看看，谈到媳妇儿就乐得合不拢嘴了。"吴存银跟冯用材打趣道。

"你实在要走，我送你到青木川。"

“不用了，有你给我做的拐杖就行，下次再来喝你的苞谷酒。”吴存银挎上背包，撑起拐杖，动身出门。

吴存银的伤口没有痊愈，撑着拐杖，在山中艰难行走，速度很慢。

“吴大哥，等等我，我送你走。”吴存银回头一看，是冯用材背着个包袱急急忙忙地赶了过来。

“吴大哥，你腿伤还没好，要是去青木川，原本半天的山路，照你这样走，恐怕要两天，我想着就准备点干粮，来送你。”吴存银笑笑，也没和冯用材客气。两人边走边聊，中午时分，来到了笋林山。吴存银大伤初愈，累得满头是汗，招呼冯用材在路边的山石上坐下来。冯用材从包袱里拿出两根烤好的苞谷，递了一根过去。吴存银接过苞谷，看看四周的群山，山势险峻，山高林密。

“这里过去可是土匪经常出没的地方。”冯用材将苞谷皮撕开，啃了一口，边嚼边说。说者无意，听者有心，吴存银似乎觉得不大对劲，下意识地摸到腰间的驳壳枪。

就在这时，路旁林中闪出一个身影，冯用材认识，是土匪张明举。

张明举一声冷笑，上前就想夺吴存银的枪。冯用材将张明举死死抱住：“张明举，你不要乱来啊！你乱来了，我脱不了干系。现在是共产党的天下，你要留条后路！”张明举被冯用材死死抱住，摆脱不开。吴存银不慌不忙地站起来，拉开枪的保险，顶住张明举的脑袋："你敢乱动，我马上毙了你。"

冯用材见吴存银制住了张明举，松开手。

"解开他的裤带，把他绑起来。"

"冯用材，你竟敢为'霉老二'做事，让五老爷、六老爷知道，你就不怕被扒了皮？"张明举对捆绑他的冯用材吼道。

吴存银用枪敲了敲张明举的脑袋："李树敏快死到临头了，你赶紧向政府投降、自首，还能找条活路，否则只有死路一条。"

"张明举，不要跟李树敏干了，跟共产党干吧！吴大哥是个好人，还要给我做媒呢，我们一起把吴大哥送到青木川。"

"冯用材，你光棍一条，我可是有老婆、孩子的，要是让六老爷知道我为'霉老二'办事，我一家全完了。"

"你怕什么？现在是共产党的天下，你只要去自首，解放军会保护你全家的。"吴存银说得斩钉截铁。

冯用材看到张明举半信半疑，对他说："吴大哥可是我们宁西最大的官儿，宁西区长，不仅管青木川、广坪，还管燕子砭和安乐河，他说的话你还不相信吗？"

吴存银急着赶路，也不和张明举废话，拄着拐杖，押着张明举，就朝青木川方向走。刚迈腿，张明举就大声喊道："不能走这条道。"

"上青木川，不就只有这一条山道，还有第二条路吗？"冯用材疑惑地问张明举。

"六老爷下山弄了粮食就走这条道，他们人多，你们要是不想找死的话，就去，老子可不想陪你们送死。”张明举跺跺脚。

吴存银半信半疑：“就信他一回，我们去广坪，去广坪的路上总不会碰到土匪吧?”

张明举朝两人翻翻白眼，没有回答。

吴存银和冯用材转头往回走，一路走一路审问张明举。李守和带土匪下山筹粮，在山中遇到吴存银的武装工作队，双方交火，因土匪人多势众，吴存银流落到冯用材家里。李守和要张明举留在山下，一是筹粮，二是打探消息。李守和一帮土匪在张明举家里住了十几天，张明举将他们送到大山口，回头就遇到了吴存银。

吴存银腿伤未愈，行走艰难，走了两天两夜，才到了广坪，抵达之后便带着冯用材直奔段远鹏的剿匪司令部。

冯用材被李家兄弟赶出广坪后，已经很长时间没有回到广坪街上了。重回故地，心潮起伏，到了李树敏的院子，才发现已被征用为剿匪司令部，他四处张望，想看到冰香子。

吴存银拉着冯用材走进段远鹏的办公室，段远鹏和苏绪都在。吴存银将遭遇李守和与躲藏在冯用材家养伤的情况，详详细细地汇报了。段远鹏紧紧握住冯用材的手，说：“你为解放军做了好事，解放军谢谢你。吴存银在你家住了这么多天，折合大米一百斤，我给你出个证明，随便在哪里都可以兑换。”

冯用材坚持不要。

段远鹏说：“这是规定。按道理，这远远不够，协助解放军打土匪的，要重奖。”随即他吩咐文书出了两个证明，一张是抵交公粮一百斤的证明，另一张是为解放军做好事立功的证明。

段远鹏留他吃饭，冯用材却将证明塞进口袋，急着要走。段远鹏不解，冯用材小声对吴存银说：“我想去找冰香子，让她看看首长给我出的证明。”

吴存银哈哈大笑，将冯用材送到司令部的大门外。

回到段远鹏身边，吴存银将布置马保长和李正荣在李树敏身边做卧底的经过，以及王木渠一仗失败的前前后后，向段远鹏和苏绪汇报了一遍。

段远鹏和苏绪面色凝重，苏绪缓缓说道：“马保长是我们的老朋友，深入虎穴，十分危险，千万不能出事，否则，我们对宁强的老乡不好交代啊！”

吴存银点点头，说：“师长、政委，马保长告诉我，李树敏在宁西有不少探子，说不定在我们司令部周边也安插了探子，我们的一举一动，他都清清楚楚。而且，李树敏现在和姜森等国民党残匪裹在一起，又飘忽不定，打击难度非常大。”

“再狡猾的狐狸都逃不过猎人的枪。”段远鹏说。

“马保长的事情只有我们三个人知道，要严格保密，既要和马保长保持联系，又要确保他的人身安全，我们不能再失去老朋友了。”苏绪对吴存银说。

二十五

李树敏和刘青云经过王木渠一仗后，迅速转入深山老林，集合好队伍的第一件事情，就是吩咐毋木匠跳神。李树敏对毋木匠说："让你供奉的罗爷再给我们指条路。"毋木匠整整跳了一个下午，满身大汗地说："罗爷让我们去云雾山。"李树敏皱皱眉，望着远山，沉默不言。

云雾山高耸入云，紧靠着付家山，但在山间有句土话，望山跑死马，看起来就隔着一个山头，站在上面喊话那边都能听到，但要真正走过去，没有一两天的时间是不够的。云雾山方圆几十里都是茂密的原始森林，荒无人烟，形似一把椅子，南面高，北面低。在南端陡峭的山峦中有一座道观，名叫朝阳观，从山下向山上看，一朵朵云彩从道观中飘过，人称九台连云，是宁西的风景绝佳处。若是晴天，站在道观的观景台上翘首南望，远在二十里外的广坪、青木川清晰可见。通往朝阳观只有两条小路，山南从山脚下的菜籽坝出发，顺着山脊拾级而上，在半山腰有段路叫"神仙桥"，路宽仅能容一人通过，两边就是陡峭的山崖。而从山北走，则处处惊心，几乎全是险峻陡峭的山壁，有些山壁寸草不生，根本无法攀爬。虽然行走艰难，但朝阳观香火一直很旺，每年三月初三或是四月初八，方圆数百里的善男信女都要到这里祭拜。朝阳观的殿房几乎将整个山头都占满了，来来往往的出家人络绎不绝，常年有近百人在此修炼。观内道长姓胡，已年近百岁，鹤发童颜，一看就是方外高人。

李树敏带着众土匪穿过山北的密林，来到山南，进入朝阳观。柳芳察看了地形，立即布置岗哨，在南北通往山顶的险要处各部署了一挺机枪，要求岗不离哨、人不离枪，并不断地变换口令。李守善、李守敦和刘青云则一晚上要轮流查哨好几次。

一路奔波，众土匪都不愿意去站岗，倒是李正荣抢着要去。马保长见李正荣去，就和他一起在观南站岗。

李树敏软硬兼施，逼着胡道长腾出殿房，提供粮食，众土匪就在殿内住下，有的索性住在大殿，将清净之地弄得乌烟瘴气。朝阳观内毕竟粮食有限，近百位出家人，再加上百余匪徒，库存的粮食消耗得特别快。李守和从山下弄了一部分粮食上山，解决了土匪的燃眉之急，但毕竟不是长久之计。土匪开始人心浮动，有些土匪的家就在附近，想离队回家。李树敏看到这趋势，扬言："谁要敢背着我逃跑，老子就将他家斩草除根。"匪徒深知李树敏心狠手辣，竟没有一个人敢逃跑。然而，沮丧的情绪就像传染病，在匪徒中扩散开来，李树敏兄弟和刘青云也心知肚明。

李树敏深夜抽完大烟，辗转难眠，叫醒李守和，陪他去山下查岗，两人边走边聊。

"五哥，'霉老二'不是当初的'霉老二'了，已成了气候，他们手段毒辣，成立了武装工作队，渗透到了各个村坝，穷小子都跟他们走了，我们不能老是待在山上，坐吃山空总不是个事。"

"'霉老二'的主力都进驻广坪了，我们一旦下山，恐怕就会羊落虎口。"

正在李树敏说话之际，夜空的正北方突然出现了状如白马的星象。夜空繁星闪烁，空气洁净如洗，突然间出现异象，李树敏兄弟二人皆大为吃惊。李守和呆呆地看着天空，失魂落魄。

李树敏也是一阵慌乱，再也没心思去查岗，和李守和回头走去。此时的异象，柳芳和刘青云、李守善、李守敦也同时看到了。李树敏回到道观，众人面面相觑，心中都有种不祥的预感。众匪首都不说话，沮丧失落的空气到处弥漫。最后还是刘青云打破沉默，将毋木匠拎出来，让他跳神，李树敏问道："这是什么预兆？"

毋木匠将上衣脱去，换上道服，点燃火把，一阵狂跳，从半夜一直跳到黎明。众匪首只好睁大眼睛，看着毋木匠跳神，阵阵倦意袭来，个个哈欠连天，又不便离去。东方露出鱼肚白，毋木匠才停止跳神，又打了一卦，对李树敏说："五老爷，朝阳观的祖师爷明示，云雾山不能久留，久留留成仇。"

李树敏问道："祖师爷有没有说让我们去哪儿？"

毋木匠说："蒋介石的兵已经到北方来接应我们了，我们只有向北才有出路。"

众匪首听了半信半疑，都在想，好你个端公，先是让我们上云雾山，我们走了这么多路赶到，好不容易才歇脚了几天，现在又要我们向北走。

李树敏心里也是七上八下，这时天已大亮，说："我们去问问胡道长。"

胡道长自李树敏到山上来以后，终日盘腿打坐，不吃也不语。李树敏心中茫然，不知何去何从，忧心忡忡，带着众匪首来到偏殿胡道长打坐处。说明来意后，李树敏在神案上拈香燃烛，跪在地上默默祈祷，随即拿住签罐使劲摇了三下，一支竹签滑落下来。李树敏拿起一看，脸色大变，只见签上写着：

信士求签卜吉凶，祸福全在一念中。
善恶轮回终有报，好事多做自清平。

李树敏将签拿到胡道长面前：“敢问道长，此签怎解？”

胡道长眼睛睁开，扫了一眼，随即双目微闭，用手捻捻一尺长的银须，沉思良久，才缓缓开口：“天意难违啊！你们的日子恐怕只有今年一年的时光，也许到不了八九月间，你们还是和解放军和好为上策。”

李树敏一听道长这么说，脸色更加难看，狠狠地瞪了胡道长一眼，冷冷地说：“和他们和好，只有等下辈子了。”说完，他带着众匪首拂袖而去。众匪首听到胡道长如此解签，个个如丧考妣。李树敏在朝阳观求签的消息在土匪中不胫而走，整个土匪队伍悲观失望，人人自危。观内的粮食一天比一天少，匪徒之间为了一碗饭常常大打出手，有些胆子大的已经偷偷地溜下山，令李树敏头疼不已。

李树敏将众匪首聚在一起，说：“毋木匠跳了一夜的神，说朝阳观不可久留，这儿的粮食确实不多，各位兄弟看看怎么弄？”

李守善说："这个毋木匠先是让我们到云雾山，这会儿又说不可久留，这不是在耍我们吗？"

李守敦说："罗爷的话，我们还是要听的。"

柳芳接过李树敏的话说："共军主力部队进驻广坪，兵分三路，对我们形成合围，云雾山朝阳观就在包围圈里面，当务之急是要跳出包围圈。"

李树敏看了看众匪首，长叹了口气，缓缓说道："现在的'霉老二'已经不是过去的'霉老二'了，他们已经成了气候，我们要想赶走'霉老二'，重回广坪，恐怕很难了。"

柳芳看看沮丧的李树敏说道："现在美国人已经和共军在朝鲜打起来了，国军就快反攻大陆，只要我们坚持住，胜利就会到来，我们就可以重回广坪。"

李树敏摆了摆手："不说这些远的没用的，说说我们往哪儿走？"

众匪首面面相觑，都不说话。

刘青云见大家都不说，站起来说道："要不，我们去阳平关找成连音？阳平关地势险峻，交通四通八达，可进可退，进可取广坪，退可渡过嘉陵江去四川。"

柳芳冷笑一声："你以为成连音会帮助我们？我老实告诉你，成连音是党国的败类，老早就投靠了共军，最近他的远房堂弟暴动对付共军，他都参与了镇压。你想，我们与他非亲非故，他还不把我们当作投名状送给共军？再说，你想到的，共军能想不到？阳平关，共军早就重兵驻防了。"

柳芳一席话说得刘青云耷拉着脑袋，如病鸡一般。

李守善说：“目前宁西最强的民团武装和经济实力最强的应该是青木川的魏富堂，如果魏富堂能够和我们联手，恐怕胜算会大些。”

李树敏眼中迅速有了一丝亮色，但火苗刚刚被点着，就迅速熄灭。

李守敦看看李守善：“三哥，你别忘了，大嫂是怎么死的，我当初去青木川报丧，魏富堂看我的眼神，我一辈子都忘不了。”

柳芳扫了李家兄弟一眼：“就算魏富堂同意和我们联手，现在也不可能了。共党宁西区政府就设在青木川，魏富堂已经被共军关押起来了，青木川的武装被吴瞎子接管了，就算魏富堂现在回青木川，也回天无力。”

李树敏恨恨地说：“这个吴瞎子，轻而易举就将魏富堂拿下，真是可恶。”

“当初在新滩怎么就让吴瞎子跑了呢？都怪我想要个活口。”刘青云跺了跺脚。

柳芳拍了拍刘青云的肩膀：“过去的事情不提了，我们只有去甘南和姜司令会合，一起去对付共党，才有出路。”

李树敏看看众匪首都无异议，沉下脸发令：“各位兄弟，既然云雾山不能久留，我们就跳出‘霉老二’的包围圈，老六带几个兄弟先去甘南，设法和姜司令接上头，去探探魏祥伦部的口风。其他兄弟明天集合一起出发。去甘南，广坪是必经之道，‘霉老二’的主力在广坪，我们只能绕过广坪，过大香沟，在新滩渡河。队伍分两部分，刘青云兄弟和三哥、四哥当先锋，带一部分人先走，在刘青云兄弟老家陈家坝等我们，我和柳光垫后，在陈家坝会合，再设法过嘉陵江。”

一群土匪无精打采地在山间游荡，大路不敢走，只能在深山老林中的小路上穿行，先上泥窝子梁，再翻越马房窝，到了刘青云的老家陈家坝。一到陈家坝，刘青云就想办法杀了头大猪招待土匪。众土匪已经几个月没见到肉了，一顿狼吞虎咽。晚饭吃完后，疲惫不堪的众匪想就地休息，李树敏吩咐李正荣将他们一个个地叫起来，连夜出发。

刘青云不解，对李树敏说：“五哥，今晚就别走了。”

李树敏朝他摆摆手：“青云兄弟，你是陈家坝本地人，我们外乡人不宜留在这里。陈家坝四面平坦，没有大山和森林的掩护，一旦‘霉老二’来包围，我们连退路都没有。我们就此别过，你带着从陈家坝出来的兄弟，就在这一带打游击，人少活动方便，吃饭问题也容易解决，一旦形势好转，我们再会合。”

刘青云张开嘴，想说什么，却一句话也说不出来。于是，他将老家在陈家坝的三十多个土匪集合在了一起，留在了陈家坝。李树敏和其他土匪则趁着夜色，渡过了嘉陵江，走了一夜的山路，到了黄泥坪。土匪中有个黄泥坪人叫张龙，家就在嘉陵江边，家中并不富裕，几十个土匪将其家中的粮食一扫而光。

李树敏等匪首躺在张龙的堂屋里休息。李树敏刚刚睡着，睡梦中就听到手榴弹的爆炸声，开始以为在做梦，但很快觉得不对劲，一跃而起，提着枪冲出门外，并未看到有解放军。他心中觉得奇怪，四处探望，发现几个土匪在嘉陵江边用手榴弹炸鱼，气就不打一处来，破口大骂："你们这些杂种还想不想活命?"随即集合队伍，他又走了一天的山路，撤到尖山观，露宿在尖山观的山林间。这时，山中开始下雨，一群土匪挤到一个无人的破庙里。山间雨大，一直下了两天两夜方才停了下来。道路泥泞不堪，再加上山势陡峭，根本无法出行。两天的时间里，众土匪只吃了点干粮，个个饿得前胸贴后背。等到雨停了，李树敏带着土匪下山，顺切刀岭下黑檐沟，见到百姓家，就像虎狼一般抢掠。经过一天一夜的赶路，李树敏和一干土匪终于到达了四方沟。

四方沟四面环山，层层叠叠的山一座接着一座，土匪魏祥伦是四方沟人，聚集着一百多号人枪，之前与李树敏有个约定，一起抵御解放军。段远鹏带着主力部队来宁西剿匪后，魏祥伦就将一百多号人带进了深山老林，家中留给父亲魏成地看管。

李树敏一干土匪如丧家之犬在山中穿行，到达魏成地家已是筋疲力尽。李树敏吩咐众土匪在魏成地的大院五十米外等候，然后带着柳芳和李守善、李守敦叩开了魏家大院的大门。魏家大院连成一片，依山而建，最后一片是魏家的祠堂。

魏成地开门一看，远处黑压压的一片人，近处三男一女，经长途跋涉，个个灰头土脸。

"魏老伯，我是广坪的李树敏，我们兄弟与贵公子是好朋友，走投无路，来投奔您，恳请您老人家收留我们兄弟。"李树敏说得情真意切，让人不好拒绝。

魏成地将李树敏和一干匪众迎进门，安顿下来。李守善对魏成地说："魏老伯，您看我们这些兄弟长途跋涉，已经好几顿没吃了，您能赏一口饭吃吗？"

魏成地面露难色，沉吟半晌，对李树敏说："你们来了这么多人，家里没有现成的大米，要么我开仓，你们自己去碾坊碾米煮饭吃？"

李树敏连声感谢，跟随魏成地打开仓房。众土匪见到稻谷，眼中发亮，齐心协力将稻谷运到碾坊，土匪中有不少人是李家兄弟的佃户，干起碾米的活熟门熟路，但碾米烧煮毕竟需要时间，忙活到半夜过后，饥肠辘辘的土匪才捧到一碗热饭，一个个吃得心满意足。

次日，李树敏集合队伍，再三吩咐手下在魏家要遵守纪律，不能给魏家人添麻烦，魏家的内院和祠堂任何人不能进入，否则就枪毙。他派出李正荣、毋木匠、机枪手戚彪和柳光四人分别从东、西、南、北四个方向去寻找姜森、李守和、魏祥伦，侦查方圆几十里内解放军的动静。

不久，李正荣带着一脸沮丧的李守和回来了。

李守和带着几个土匪先于李树敏出发，他没去魏家大院，而是直接上山找寻魏祥伦，在山间穿行数日，好不容易才找到。魏祥伦把他招待得很好，好酒好肉，但是当李守和一谈到合作对抗解放军时，对方就顾左右而言他。李守和隐隐觉得，魏祥伦有投奔解放军的想法，他心中不安，带着土匪告辞下山，正好在半路上遇到李正荣。

不久，毋木匠、戚彪和柳光也纷纷回转，三人打听到方圆几十里内没有解放军驻军，仅阳坝区公署有几个工作人员，但姜森没有联系上。柳芳对李树敏说："姜司令应该就在附近，在山间，行踪不定。"李树敏疑惑地看看柳芳。

柳芳也明白李树敏的心思："我已经用电台和姜司令联系过了，姜司令已派人送来了一些弹药和军用物资，正在路上。"

李守和心事重重地将魏祥伦想投共的意向告诉了李树敏，李树敏冷笑一声："这个魏祥伦还有向'霉老二'投诚的心思。"

柳芳心领神会："我们既然来到四方沟，就帮帮魏祥伦，让他断了这个念头。"

李家几个兄弟面面相觑，不清楚李树敏和柳芳对话的意思。

李树敏对几个匪首说："兄弟们，广坪，咱们的家被'霉老二'霸占了，他们抢咱们的房子，占咱们的地，害得大家在山间就像老鼠一样钻来钻去，有家难回。我们与'霉老二'不共戴天。这几天，我在山间走时就想，和'霉老二'斗，不能再在山间游荡了。'霉老二'以广坪为中心的包围圈，我们跳出来了。这一路，我看四方沟是最好的落脚点，四面环山，'霉老二'来也没那么方便，我们可进可退。'霉老二'在方圆几十里都没驻军，等他们来，我们就进山，这大山里，他们很难找到我们。他们走，我们就下山。为了更加灵活方便，我们分成三个大队，我和柳芳、柳光带一个大队，五十人左右，就驻扎在魏家大院；三哥、四哥带三十人左右另找地方。刘青云兄弟带三十人在陈家坝，看他的意思，愿意来四方沟就来，不愿意来，就在陈家坝。和‘霉老二’干时，我们合在一起干，平时我们分开驻扎，吃饭问题各自解决，随时保持联系。”

李守善问道：“你们在魏家大院，那我们去哪儿？”

李树敏狡猾地笑了笑：“四方沟不是还有吴家大院吗？”

李守善点了点头。

李树敏接下来说：“等姜司令送来的弹药一到，我们就行动，帮帮魏祥伦！”

二十六

阳坝区公所位于太平川附近，所内工作人员很少，乡长和通信员李振发都是作为南下干部的外乡人，两家人住在区公所内，另外一些区队队员是本地人，晚上都要回家。李振发新婚不久，妻子从外地赶来和丈夫团聚，两人都喜欢上了这里，周边不但景色秀美，老百姓也纯朴善良。早晨起来，薄雾笼罩在大山上，山峦若隐若现，四处宁静，空气清新。李振发站在院子里刷牙，妻子在区公所的厨房内忙活早饭。

乡长比李振发大不了几岁，也是从枪林弹雨里走过来的，妻子是阳坝本地人。乡长多年行伍生涯，老早就起了床。这几天根据上级安排，派区队队员上山和魏祥伦接触了，效果还好，正想着怎么使这一帮啸聚山林的土匪尽快向政府投诚。几个起得早的干部和区队队员也陆陆续续到了区公所。

李振发牙还没刷完，就看到院门外的土路上尘土飞扬，一批蒙面人提着枪向区公所飞奔而来。李振发脑子嗡的一声，大喊一声：“有情况！”将牙刷和茶缸扔在地上，飞奔回武器室，抄了一支长枪隐蔽在院内的大树下。

为首的蒙面土匪架起机枪向院内扫射，吸引了区队队员的注意力，另一批土匪从区公所院子后面翻墙进来。乡长和队员腹背受敌，寡不敌众。乡长多处负伤，鲜血染红了衣服，但仍然力战不退。

李树敏将蒙脸布扯掉，让土匪们喊：“我们是魏祥伦的兵，杀光‘霉老二’，本地人快投降，不杀。”

乡长身中数枪，倒在血泊中。李振发大腿中弹不能移动，几个区队队员有的被打死，幸存的几个听说土匪不杀本地人，扔下枪，举起了双手。土匪见院内再无还手能力的人，一哄而上，冲进院内，将瑟瑟发抖的两个女人拉到院子内。

李树敏走到区公所，一脚踢飞李振发掉在地上的枪，又走到乡长旁边，朝躺在血泊里的乡长身上补了几枪。乡长的老婆看到这个情形，晕了过去。李树敏吩咐土匪将李振发捆起来吊在树上，又朝被俘的两个区队队员说：“你们是不是阳坝人？”

两个队员点头。

李树敏用枪在两人头上敲了敲，说：“老子今天饶你们不死，以后见人，就说魏祥伦要杀光‘霉老二’！听清楚没有？要是没说到，让老子知道了，我一枪一个。”

两个队员就要离开，李树敏在队员前面开了几枪，挡住去路："这会儿不能走，要让你们看场戏。"两个队员站在原地，愣愣地看着李树敏。

李树敏一把将李振发新婚的妻子拉过来，将她的上衣一把扯去，两只结实的乳房就暴露出来。李振发的妻子生性刚强，大骂一声："土匪，该死！"一口唾沫吐在李树敏的脸上。

李树敏反手一个耳光，李振发妻子白皙的脸上瞬间有了五个红指头印。李振发从昏迷中醒来，看到妻子被人凌辱，热血涌上头顶，对土匪破口大骂。

李树敏吩咐毋木匠："去把'霉老二'的舌头割下来。"然后让土匪按住李振发妻子的手脚，将其衣服剥光。

李振发的舌头被割掉，满口鲜血，看到妻子一丝不挂，任人凌辱，闭上眼不忍去看。李树敏扑到李振发妻子身上奸淫，还让土匪将李振发的眼睛强行扒开。

李振发的妻子在李树敏身下忍受着痛苦，使劲挣扎，无奈手脚均被土匪按住，见到丈夫被割去舌头，心中愤怒，张开嘴在李树敏肩头上狠狠地咬了块肉下来。李树敏惨叫一声，吩咐毋木匠将李振发的眼睛剜出来。

李树敏从李振发的妻子身上爬起来，对其他土匪说："你们接着上。"他从毋木匠手上抢过尖刀，冲到李振发面前，狠狠地在李振发胸前插上一刀，回头对毋木匠说："将'霉老二'的心挖出来。"

阳坝区公所已成了人间炼狱，李振发的妻子被折磨得昏迷过去，没了人样。

马保长实在看不下去，想冲上去阻止，被李正荣拉住。马保长长叹了一口气，扭头背过去。

两个被俘的区队队员不忍心看，也将头转了过去。李树敏朝他们的屁股上踢了一脚："滚，记住，我们是魏祥伦的人。"他又跑到李正荣身边，朝他努努嘴，"上啊！"

李正荣连忙摆手："我不行。"

李树敏哈哈大笑，又朝乡长的女人走过去。乡长的女人目睹了这一切，早就吓得瘫在地上。李树敏刚想下手，戚彪上前挡在李树敏面前："五哥，这个女人，听口音是阳坝本地人，我想带她回去，给我的那个残疾的弟弟做媳妇儿。"

李树敏带着土匪闯进屋子内，将里面的粮食等物资搜刮一空，与李守善、李守敦分成两队，各自离开。走前，他又安排了一些暗探，散布在陕甘川交界的各个边陲地带。

李正荣和马保长被安排在四方沟和玉泉坝一带，探听解放军的风声。马保长养鸽子几十年，从来没有像现在这样如此迷茫，信鸽飞到青木川，不见吴存银接收，又原封不动地飞回，到底发生了什么？难道吴存银出事了？但又没听说吴存银出事的消息，要是李树敏或者姜森、刘青云、张占伯这些土匪杀了或者活捉了吴存银，肯定会在匪众间大肆吹嘘。那为什么鸽子老是这样在两地无谓地飞来飞去？

马保长对李正荣说："土匪窝不宜久留，我们赶紧下山去找吴存银，向他报告土匪的行踪。"两人趁着月色从玉泉坝日夜兼程，经沈家坝直插青木川。为防止被李树敏的其他暗探发现，两人乔装打扮，尽量走山间人迹罕至的小路，足足走了两天两夜，才赶到青木川。

吴存银腿伤未愈，还在养伤，回青木川的第一件事情就是到处查看鸽子，这件事又不便和其他人讲，鸽子没等到，鸽子的主人却找上门来了。马保长和李正荣衣衫褴褛，将脸裹得严严实实，只留两个眼睛在外面。天气已经开始热起来，两个人的打扮又像叫花子一样，理所当然地被警卫拦在门外。李正荣心里着急，急于要见吴存银，担心青木川和广坪有李树敏的暗探又不能暴露身份。

李正荣故意提高嗓门和警卫吵吵闹闹，果不其然，声音惊动了吴存银。吴存银撑着拐杖走到门口，马保长将蒙脸布扯下，向他眨眨眼。吴存银大吃一惊，连忙让两个人进入后小院的小屋里，从里插上门闩。

马保长看到吴存银的腿伤，心里就明白了八九分，但还是责怪他为什么不接收信鸽上的消息。吴存银也是一肚子委屈，但不便告诉马保长，只好好言好语地安慰。等到马保长和李正荣三言两语地将跟随李树敏的过程讲出来，吴存银凭着多年军事斗争的经验，敏锐地觉得，时机已到。他立刻吩咐备下三匹快马，就要和马保长、李正荣去广坪向段远鹏汇报。

回广坪，李正荣当然高兴，可以回家见到老父亲。马保长却对吴存银说："皇帝还不差饿兵呢！区长老爷总得给我们口饭吃吧！我们已经几顿没吃了。"

吴存银拍拍脑袋，亲自到厨房取了几个核桃馍。两人见到核桃馍，眼睛发亮，狼吞虎咽，又就着吴存银的军用水壶喝了点热水。随后他们一起跨上战马，一路狂奔，来到广坪段远鹏的剿匪司令部。

段远鹏和苏绪、吴友奇正在听取各个武装工作队的汇报，警卫在他耳边悄悄说了几句，段远鹏立即停止开会，将苏绪和吴友奇留下来，让吴存银带着马保长和李正荣来到作战室里。马保长将这段时间在李树敏身边卧底的所见所闻详详细细地说了一遍，李正荣又补充了几句。段远鹏脸色凝重，听到李树敏在阳坝的兽行后，极为愤怒。

段远鹏对着地图仔细研究了四方沟和阳坝、长渠里的地形，对吴友奇说："传我命令，通知各作战参谋和在广坪的军事主官，火速赶到作战室。"他又转过身对吴存银说："鬼见愁，你带马保长和李正荣去广坪街上洗个澡，买两件衣服，代我和苏政委好好招待他们。"

见吴存银没有行动，苏绪赶紧说："还愣着干什么？快去呀！"

马保长和李正荣连连推辞，苏绪说道："马保长，你是我们共产党人的老朋友，我们应该好好招待你，但是战机转瞬即逝，师长和我都不能陪你了。等消灭了土匪，师长和我好好请你们吃顿饭，我们一醉方休。"

马保长知道段远鹏接下来想干什么，对段远鹏说："师长，我们之间就不要见外了，李树敏丧心病狂，打李树敏别的忙帮不上，但我和正荣可以给你们带路。”

段远鹏紧紧握住马保长的手说：“好，等我们的会结束了，我让吴存银通知你，你们先随他去洗澡、吃饭。”

在接下来的军事会议上，吴友奇介绍了李树敏匪徒的驻地和动向：“李树敏妄图和魏祥伦勾结在一起，抵抗解放军，四方沟和长渠里四面环山，我们不能打草惊蛇，一旦被李树敏发现，土匪藏到深山老林中，打击难度更大。据我们的同志讲，土匪派了很多明哨、暗探，遍布于陕甘川交界，所以，我们这次行动要绝密，不能走漏一点风声。另外，打击时间选在凌晨三点，要一举歼灭李树敏土匪集团。”

段远鹏向各参战部队下达作战命令：“电令贾振礼团主力即刻出发，由北向南包围阳坝、太平川，严防李树敏率部逃往深山，就地歼灭残匪，如魏祥伦有所行动，全部歼灭；电令孙继先团主力到宁强以南的黄坝山、竹坝山一带阻击姜森所部，防止李树敏与姜森会合；我和苏政委带领吴友奇团和广坪驻军、特务团立即赶往四方沟，确保全歼李树敏土匪所部。明晨三点，包围魏家大院和吴家大院，防止土匪漏网。这次行动高度机密，各作战部队均须急行军，未到具体作战地点前，不布置具体作战指令，行军途中不说行军目的地。本命令各作战部队即刻执行，散会。”

段远鹏拿起军帽戴上，扣紧风纪扣，和苏绪走到剿匪司令部外，吴存银和马保长、李正荣及李正荣的老父亲都站在司令部门前。

“师长，我们给你带路。”马保长对段远鹏说。

“我也去，那儿的路我熟悉。”李正荣说。

“这不行，马保长，你为我们解放军做得太多了。这次很危险，你不能去。李正荣，你也不可以去，在家好好陪陪老父亲。”段远鹏坚决拒绝。

吴存银向段远鹏求情：“就让他们一起去吧，他们熟悉路。”

白发苍苍的李正荣父亲对段远鹏说：“师长，就让正荣去吧，我就一根独苗，如果有两个儿子，我会让他们都去打土匪。”

段远鹏还是不同意：“老伯，这次去，真的很危险，您就正荣一个儿子，我更不能同意他去。”

李正荣的父亲竟然跪在段远鹏面前：“我这把年纪，就为孩子求次情，让他为解放军做点事吧！”

段远鹏和苏绪连忙将李正荣的父亲搀扶起来，对吴存银说：“你负责两人的安全，要是有什么闪失，唯你是问。”

吴存银的小眼睛眨了眨，一口应承下来。

这时，吴友奇走来，说：“报告师长、政委，部队已集结完毕，请首长指示。”

段远鹏挥挥手：“出发！”

解放军队伍中除了少数几个人，绝大部分指战员都不清楚部队要往哪儿去。部队动员只说是要执行战斗任务，至于执行什么任务，上哪儿执行任务，对谁执行任务，都没说。许多战士打了这么多年仗，像这种情形还是第一次遇到，看到师长、政委亲自带队，心里更是一紧，到底什么大仗，要师长和政委亲自上前线？

有马保长和李正荣带路，去四方沟很顺利。到达四方沟地界时，已是午夜时分，段远鹏集合部队亲自做战前动员，按计划兵分两路，由吴友奇团包围魏家大院，特务团包围吴家大院，务必全歼李树敏所部土匪。战士们得知是消灭土匪，为在老林沟牺牲的战友报仇，个个都铆足了劲。

吴友奇率队摸到魏家大院时，正是三更天，几个站岗的土匪倦意上来，背着枪无精打采地打着哈欠。吴友奇布置部队迅速合围，李正荣看到部队已完成合围，就大大咧咧地向大门口站岗的土匪走去。土匪倦意正浓，觉得对面有个人影，一拉枪栓，喝了一声："口令?"

李正荣说："什么口令？我是李正荣。"

土匪借着月色，定睛一看，果然是李正荣。

"你小子怎么半夜三更回来了?"

"你过来，我告诉你，有'霉老二'。"

站岗的土匪身形矮小，半信半疑地走到李正荣身边，哪想到李正荣一跨步勒住土匪的脖子，将土匪夹在自己怀里。吴友奇见李正荣制住站岗的，一挥手，战士们向大门冲了过来。被夹在李正荣怀里的土匪动弹不得，无意中扣了下长枪的扳机，一声刺耳的枪响划破了宁静的夜空，也惊动了周边站岗的其他暗哨，顿时枪声大作，只听叫喊声此起彼伏："有'霉老二'！'霉老二'来了!"

枪声和叫声惊醒了大院内睡觉的土匪，土匪们拿起枪躲在隐蔽处开始射击。

李树敏和柳芳急忙冲到院子里，刚好遇到李守和、柳光在指挥土匪抵抗。柳光吩咐机枪手戚彪在院子的高处架起机枪向大门扫射，阻挡冲进大门的解放军。

李树敏见院子大门被打开，门外黑压压的都是解放军，心中直叫苦，情急之中，抓住李守和、柳光，找来魏家女人的衣服换上，混在魏成地的一帮家眷、佣人中从后门涌出来。而大院内的土匪一片混乱，毋木匠带着一帮土匪，在戚彪的机枪掩护下，朝大门口冲，刚出大门，就被吴友奇埋伏的战士击毙了。

吴友奇见院内的土匪还在负隅顽抗，让战士向院内打了两发迫击炮，院子内顿时火光冲天。里面的几十个土匪见大势已去，在里面喊："不要开炮，我们投降。"

吴友奇让战士喊："投降的将枪扔出来，双手抱头，一个个出来。"

戚彪扔掉机枪，就势跳出围墙，落在围墙外的干草堆里，在黑暗中藏了起来。而魏成地带着一帮家眷、佣人高举双手，打开偏门，大声喊道："我们是魏家的家眷，千万不要开枪。"李树敏、李守和将枪藏在腰间，两人身材都矮小，躲在柳光后面。

吴友奇的大部分人马都集中在正门，绝大部分火力也布置在正门。偏门的一群战士燃起火把，看到魏成地步履蹒跚，后面领着一群女眷，也没在意，让他们站在一边。李树敏看看战士后面的大山，对柳芳、李守和喊了一声："跑!"话音未落，三人撒腿就跑，转眼之间就跑出很远。战士猝不及防，发现三个穿着女人衣服的人快速地向大山飞奔，迟疑间，人就消失在夜色中，开了两枪，也于事无补。柳光见李树敏跑了，趁解放军追击李树敏之际，向另外的方向逃去。

战斗结束时，已是黎明。吴友奇让战士打扫战场，统计剿匪情况。李正荣在投降的土匪中一个个地辨认过去，独独没有发现李树敏和其他匪首。

特务团也传来消息，在吴家大院俘虏了三十多个土匪，李正荣辨认的结果是独独少了李守善和李守敦。

部队剿匪结束，士气高涨，李树敏的土匪集团基本被歼，只有几个匪首成了漏网之鱼。魏祥伦权衡再三，下山向解放军投诚。整个宁西和陕甘川的反动民团势力只剩下姜森带领的“反共救国军”。段远鹏率部队在阳坝休整，同时派出精干的侦查小分队去寻找行踪不定的姜森。

不久，侦察员报告，西安绥靖公署少将高参、陕甘川“反共救国军”总司令姜森，副司令张大拱和三名校级参谋，以及几十个残兵败将，为和李树敏、柳芳会合，正在川陕交界处的黄坝山、竹坝山一带活动。段远鹏当即电令孙继先团火速包围黄坝山和竹坝山姜森活动频繁的地区。不久，歼灭战打响，孙继先团很快锁定目标，在极短的时间内完成了包围合击。战斗只用了几个小时，就俘虏了以张大拱为首的残匪八十余名。

姜森落荒而逃，连他最钟爱的狼狗也没来得及带走。孙继先分析，姜森是七十多岁的人，不可能走远，就命令特务连连长、师战斗英雄赵志华带领特务连最精干的三十名战士，组成特勤分队去追捕。一天，赵志华得知一个身形高大、银发长须的外地老者正隐藏在竹坝山间的一户赵姓人家，他判断此人很可能就是姜森。

赵志华命令队员分散隐蔽，以免打草惊蛇，自己则换上便装，头上缠了条白毛巾，腰上紧束麻绳，手拿镰刀，与当地农民一起干活。干活期间，找到一位知情的老大娘，反复做工作，但老大娘就是不配合。

“大妈，我也姓赵，我认您做干娘，我就是你的干儿子，等剿灭了土匪，我好好孝敬您！”赵志华不断地宣传政策，老大娘还是担心土匪会报复。赵志华对老大娘说：“我们解放军有‘三不走’，匪不清不走，政权不建立不走，群众不发动不走。”老大娘的儿媳妇看不下去了，就同意以送饭的名义，带着赵志华的特勤分队出发。出门向西，穿过一片森林，翻过一个山包，她指指树丛中黑乎乎的一片，轻声说：“他就在那个山洞里。”

赵志华立即命令队员布置好阵形警戒，围住洞口，提着枪，带着几个身手好的战士，向山洞摸去。山洞外有一棵伞一样的大树遮盖着，形成天然的屏障，若不是有人指点，外人很难发现它。赵志华在洞口喊话，要姜森出来投降，喊了一阵，没有回音，于是带领四名战士，端着冲锋枪，沿着洞边的石壁慢慢进去。赵志华发现有人影，并有动静，就冲上前去，死死按住他。

姜森已被吓瘫，胡子上沾满了泥土，狼狈不堪。赵志华将姜森带回团部，利用他的命令让潜伏的特务和大小头目三十多人前来投降，彻底剿灭了陕甘川的“反共救国军”。

二十七

段远鹏和苏绪回到广坪剿匪司令部，召开各作战单位战斗总结会。他命令贾振礼团驻扎到甘肃武都地区，孙继先团驻到宁强以南的黄坝山、朱坝山一带，吴友奇团驻在广坪老街，特务团从广坪转移到青木川。会议认为军事围剿和政治瓦解相结合的方针不变，首恶必办、胁从不问、立功受奖的清剿政策也不变。各参战部队分别成立数量不等的特勤小分队，由身手敏捷、头脑灵活的战士组成。

“对罪大恶极的李树敏兄弟、刘青云以及张占伯等匪首和柳芳等国民党特务，活要见人，死要见尸，除恶务尽，防止土匪死灰复燃，让宁西老百姓有一个朗朗乾坤。”段远鹏命令各参战部队的军事主官。

李树敏兄弟几个带着十几个铁杆土匪，在大山间昼伏夜出，惶惶不可终日，常常是上顿不接下顿。

众匪首非常沮丧，原以为四方沟周边没有解放军，魏祥伦又有百余人，姜森所部就在周边，能为他们遮风挡雨，不曾料到段远鹏会率主力长途奔袭，一仗就将土匪队伍全部打垮，现在真的成了丧家之犬。

李守善问李树敏：“五弟，我们只剩下十几个人，现在‘霉老二’在所有川坝均有重兵，一心要将我们消灭干净，我们往哪儿藏呢？老是在深山中躲藏也不是个办法啊。”

李树敏沉思了片刻，说道：“最危险的地方也是最安全的，我们就回广坪和青木川。”

李守善瞪大了眼睛，看看李树敏：“五弟，广坪有‘霉老二’的剿匪司令部，青木川是‘霉老二’的宁西区政府驻地，我们去不是白白送死吗？”

李树敏狡猾地笑了笑，对李守善说：“三哥，走吧！”

李树敏在逃跑过程中，和柳芳特地转到离西山洞十余里的庙子沟王明兴家，逼着王明兴给他送粮和打探情报。李树敏和李守善、李守敦、柳芳姐弟二人带着几个铁杆土匪，就躲在离青木川不远的吴家山西山洞里，苟且度日。

戚彪跟随李树敏躲在山洞里，闲着无聊，掐指算算日子，这天正好是端午节，他嫌王明兴送的饭菜不好吃，也没和李树敏说，就一人偷偷摸摸地下了山，一路窜到玉泉坝以北的鸡头山张明礼家中，要张明礼给他做饭。

张明礼先是大吃一惊，见戚彪就一个人，瞬间笑脸相迎，吩咐家人杀鸡、煮腊肉、煨酒，还端上一大盆粽子。

张明礼吩咐家人杀鸡时，偷偷嘱托邻居给山下的宁西区政府吴存银报信。

吴存银接到消息后，带着特务团的一个班，化装成赶场的老乡，直奔鸡头山张明礼家。吴存银赶到的时候，戚彪正拿着个鸡腿啃，发现许多陌生人站在面前，伸手去摸枪，却发现包袱里是空的。

吴存银眯着小眼睛朝他笑笑：“戚彪，你是在找这个吧？”说着像变魔术般地将戚彪的枪拿在手上掂了掂，“别吃了，走吧！”

戚彪一看，像泄了气的皮球。几个战士过来，将戚彪五花大绑押走了。一路上，吴存银问戚彪其他匪首的下落，戚彪就是不说。回到青木川地界上，吴存银忽然看到树林中有人影闪过，人影很熟悉，细看此人衣衫褴褛，戴着一顶破帽，肩搭褡裢，左顾右看，行动慌慌张张。

吴存银下意识地大叫一声：“六秃子！”那人转身便跑，吴存银带着战士去追，发现有两个人朝两个方向跑，便兵分两路，边追边喊：“抓土匪！”

附近的十几个农民拿着铁锹、钉耙也去追赶，喊声惊动了附近的驻军，众人便合力将李守和及向导王明兴抓住。

原来，李守和在四方沟魏家大院被打散后，侥幸逃脱，只身逃到四川境内青川县的亲戚家。群众已经被广泛发动起来，青川县也不例外，到处都在清匪反霸，亲戚也是泥菩萨过河，自身难保。李守和见此处无法藏身，就想回广坪，在回青木川的路上，意外见到了王明兴。王明兴告诉他，李树敏带着一帮人藏在吴家山西山洞。李守和一听，大喜过望，让王明兴带路，要和李树敏会合。哪知道在半路上遇到吴存银，被一眼识破。

李树敏发现戚彪不见了，到处也找不到他，而王明兴也没在规定的时间来送饭，就感觉不妙，对李守善等人说：“这个山洞不宜久留，咱们得赶紧撤。”众人都非常疑惑，好不容易找到这个山洞，怎么又要逃，都不解地问李树敏。李树敏心里烦躁，大喝一声："走！必须走！现在就走！"众人见李树敏大发脾气，也不多言，跟着他转移到其他地方。

吴存银将戚彪、李守和、王明兴三人带到区政府，立即审问。任凭怎么问，李守和、戚彪就是不开口。王明兴则竹筒里倒豆子，将李树敏一伙人的藏身地点交代清楚。吴存银看了看地图，立即集合队伍，直奔西山洞。特务团则全体出动，执行搜山任务。

等到王明兴带着吴存银赶到西山洞时，发现已经人去洞空。吴存银进去打探了一下，立刻判断李树敏没有走远，马上命令队伍搜山。

战士们在深山老林中穿行，一寸一寸地寻找，就是不见土匪的踪影。吴存银觉得纳闷，直觉告诉他，李树敏走不远，但是十几个大活人，不见人影，难道插翅飞走了？他还是相信自己的判断，让战士分成两队，一队就地休息，另一队继续搜山，两支队伍交替执行任务。

这时，一队战士发现十里外的山路上有新鲜的脚印，而且三个山洞口的草木有被人折断的痕迹。吴存银当即让战士形成一个包围圈，并没有急于闯进山洞。子夜时分，大山里一片寂静，吴存银让王明兴去山洞内查看。

王明兴从中间的一个洞口摸进去，洞内崎岖不平，三个石洞相连，中间一个较大的石洞能容纳十几个人，另外两个洞则稍微小一点。王明兴发现洞内一片寂静，匪徒没有安排暗哨，个个睡得像死猪一般。王明兴到三个洞转了一遍，发现李树敏、李守敦、李守善和柳光等人分别睡在三个不同的洞内。王明兴摸清情况后，轻手轻脚地退了出来，将洞内的情况向吴存银汇报。

吴存银立刻带领特务团的战士，分成三组冲进洞内，将土匪团团围住。李树敏多日逃窜，极度疲惫，吴存银上前用脚踢踢，他方才醒来，一看十几支长短枪指着自己，震惊之余，马上举手投降。

李树敏等匪首全部落网，吴存银将他们押出洞时，太阳从远山升起，万道金光披在青山上，山间的杜鹃开得轰轰烈烈。

将李树敏等人押到青木川时，恰逢驻军在为当地百姓演出文艺节目，得知擒获李树敏等匪首，报幕员让解放军战士将五花大绑的李树敏兄弟押到舞台上。李树敏朝台下看去，突然发现下面有一个熟悉的面孔，那人虽然穿着男装，身边带着个小女孩，脸上抹着一层灰，但他还是认出那人正是乔装打扮的柳芳。柳芳看到台上的李树敏兄弟和柳光都被五花大绑，不敢久留，带着孩子消失在人群中。

当晚，吴存银将李树敏关押在魏富堂西小院改造的区公所里，又从特务团抽调精干力量加强看守，打算第二天派重兵将匪首押至广坪。临睡前，他又将看管匪首的地方前前后后查看了一遍，对战士们更是再三嘱咐。

刚刚躺下，就听到隔壁一声巨响，后院的围墙有一大段被炸倒，几个蒙面人端着冲锋枪和战士们激战。蒙面的土匪火力太猛，战士节节后退，眼看就要冲到关押李树敏和几个匪首的门前，吴存银从屋内抱起一挺机枪架好，一阵扫射，才压制住土匪。

柳芳和李树敏从四方沟逃到西山洞，李树敏总认为躲在山洞里不安全，就让柳芳收拾金银细软下山，又让几个最铁杆的土匪保护柳芳，自己则和李守善、李守敦、柳光等人留在山上。柳芳乔装打扮，先是住在古磨坪李树敏的亲戚家，后来索性带人来到青木川，住在山民种大烟临时搭建的茅屋内，时不时化装成农妇下山打探消息。她看到李树敏被抓，半夜就带着几个匪徒企图营救。柳芳被火力压制住，不能朝前一步，就从怀中掏出手榴弹，扔了过来。吴存银见有手榴弹过来，放下机枪，就地一滚。手榴弹爆炸后形成一阵浓雾，柳芳趁机冲到关押李树敏的房间前，强行打开房门，将李树敏等匪首放出来。李树敏等匪首戴着手铐脚镣，根本走不快，刚走到院门口，就被及时赶来的特务团战士包围住。李树敏推开柳芳："你快走！我走不了了。"

柳芳见赶来增援的解放军战士越来越多，心一狠，扔下李树敏，带着剩下的土匪狂奔。吴存银从身旁的战士手上接过长枪，向落在最后的土匪开了一枪，那个土匪应声倒地。柳芳回头看了一眼，无心顾及，一路狂奔，消失在夜色中。

吴存银命令战士将李树敏带回去重新关押，自己走到大腿被打伤倒地的蒙面土匪身边，蹲下身，一把扯掉他脸上的蒙脸布，将他大腿的伤口扎住止血，让战士将其抬回西小院，连夜审讯。

受伤的土匪是李树敏最信任的贴身保镖，家就在青木川，李树敏派他保护柳芳。一开始，这个土匪就是不开口，天亮后，吴存银让战士将他的父母找来，做了很多工作，他才开口交代柳芳有可能藏身的地方。

吴存银心里清楚，柳芳是外乡人，在宁西无根无绊，要落脚也是到李树敏的亲戚家，大香沟的郑家最有可能是柳芳的藏身之处。于是，他挑选了二十个身手敏捷的战士，翻山越岭，摸黑走了三十多里路，赶到大香沟。战士接近郑家时，惊动了郑家的看门狗，柳芳听到狗叫声，翻身起床逃跑。吴存银带领战士在后追赶，柳芳从一处断岩上跳了下去，落在竹林里，被早已埋伏的解放军战士层层包围。柳芳见无路可逃，只好扔掉手枪，举手投降。战士发现柳芳除了带有武器外，手臂上还带着两个金镯子，手上带着四个金戒指，随身物品中除了金壳怀表、首饰外，居然还有一碗大烟土。

李树敏兄弟和姜森、柳芳等人落网的消息，在宁西到处流传，一向天不怕地不怕的刘青云得知后更是不寒而栗。在陈家坝以北的麻柳沟游荡的刘青云随后又听说张占伯等人藏在大浪河边的鹰嘴岩，地势极为险要，竟然被解放军摸了上去，土匪们在睡梦中一个个被击毙，张占伯中弹后，侥幸不死，跪地求饶。刘青云只觉得后背一阵发凉，兔死狐悲的感觉涌上心头。

一个解放军小分队在麻柳沟遭遇到刘青云，刘青云枪法极好，和小土匪一拥而上，八名解放军战士全部遇难。

吴存银带人来到陈家坝，并不急于上山剿匪，而是一户一户地进行人口清查，让土匪的家人做工作，感化土匪，让土匪从刘青云身边回到陈家坝。一天，吴存银带着战士走到一户人家，眼前一亮，发现冯用材正在院子里劈柴。冯用材见到吴存银来了，既意外又高兴。

两人坐在院子里聊了起来："吴区长，难得来，喝点茶吧！"

吴存银笑了起来，他知道，宁西的人家里来了客人，请客人喝茶就是端一碗煨热的苞谷酒。

"好！"吴存银回答得很爽快。

"倒酒！"冯用材朝屋子喊了一声。不一会儿，一个明眸皓齿的女人走出来，给每个战士都端上一碗酒。

吴存银说："冯用材，你小子怎么这么快就娶媳妇了？不是说，等我给你和冰香子做媒的吗？"

冯用材嘿嘿一笑，指着那女人说："她就是冰香子……"

"好小子，你都等不及我来做媒了啊！"吴存银道。

冯用材说："你在忙着剿匪，我没好意思烦你。这事，要感谢段师长。"

"你娶媳妇怎么扯上段师长了？"吴存银觉得奇怪。

"这是段师长亲自做的媒。"冯用材笑着说。

"还是段师长心细，恭喜你呀！"吴存银说，"不管谁做媒，你心想事成了就好。"

冯用材问："我听说，宁西的土匪都打得差不多了。"

"对呀，我们在追捕最后一个匪首，刘青云。"

冰香子站在冯用材身旁，给战士们添酒，说："吴区长，刘青云的舅舅这两天无论是天晴还是下雨，天天都往麻柳沟的山上走。"

"刘青云的舅舅住在哪里？现在在不在家？带我们去看看！"

冰香子、冯用材带着吴存银找到刘青云的舅舅，再三开导，他终于交代刘青云藏在麻柳沟的山洞里。

吴存银带领战士包围了刘青云藏身的岩洞。

冰香子对吴存银说："吴区长，你们不要进去，刘青云枪法极准，我跟他认识，去劝他出来。"

冯用材一把拉住冰香子："你不要命了？不能去！"

冰香子白了冯用材一眼，甩掉他的手，说："要是我半个时辰不出来，你们就进来。"

冯用材要和冰香子一起去，被冰香子推了个踉跄："你老实待着，我很快就出来。"

吴存银思考片刻，同意了冰香子的方案。

冰香子在洞口喊道："青云老爷，我是五老爷家的冰香子，你别开枪，我到洞里来找你。"说完，一个人轻手轻脚地沿着石壁走进洞内。

洞外的人心都提到了嗓子眼，时间一分一秒过去，冯用材急得满头大汗，洞内死一般的寂静。

冯用材对吴存银说："要么，我进去看看？"

吴存银摆了摆手，说道："再等等。"

冯用材像热锅上的蚂蚁，在洞口团团转。又过了好久，洞内传来冰香子的喊声："吴区长，刘青云出来投降。"

冰香子带着身材高大的刘青云走到吴存银面前，将两支手枪交到了他的手上。打开一看，枪膛内空无一弹，吴存银顿时就明白了。刘青云扑通一声就跪在了吴存银面前："吴区长，我投降。"

吴存银哈哈大笑："刘青云，我们是老朋友了，新滩一仗，我可是死里逃生啊!”随即吩咐战士将刘青云五花大绑带走。

冯用材一路缠着冰香子问她刚刚在里面的情形，冰香子朝他笑笑，就是不说。冯用材越急，冰香子越不开口，他急得满脸通红。吴存银眯着眼看着小两口儿，笑嘻嘻地带着战士回了青木川。

他打开刘青云手枪的那一刻，就已经知道刘青云为什么乖乖跟随冰香子出洞投降了，但是冰香子绝对不会说，这个秘密她要永远留下去了。事实也是这样，冰香子因为活捉刘青云立下大功，当年被评为民兵女英雄，1953 年，她又作为优秀代表出席了民兵英雄大会。前不久，来自江苏南通的作家在宁西采风时，见到精神矍铄的老人家，谈起那一段惊心动魄的往事，依然记忆犹新。当问起当年她和刘青云在洞内发生了什么，刘青云为什么甘愿出洞投降时，老人家依然是一笑置之，守口如瓶。

二十八

腊月里，宁西天寒地冻，大雪封山。段远鹏接到命令，部队休整后即将前往朝鲜战场。

此时的宁西，匪首已全部落网，参加过暴乱的群众和惯匪也纷纷向驻军和当地政府坦白交代，以求得从宽处理。过年前，县政府在广坪河银锭包的山脚下召开了公审大会，将匪首姜森、张大拱、李树敏、李守善、李守敦、李守和、刘青云、柳芳、柳光等人执行枪决。李树敏走在最前面，看着广坪熟悉的一切，从气势宏伟的李家大院前走过，心中百感交集。姜森灰头土脸，银色的长须上沾满了灰尘，走到刑场时，使劲跺了跺脚，想把脚上的泥土跺掉。柳芳则面如死灰，已经没有了往日的神采。

枪毙了李树敏等人后，部队首先退场，然后民兵组织上万群众退场，整个过程秩序井然。

而在一年前，成连音受其弟“策划暴乱”事件牵连，被判处死刑。执行之日，听到消息的段远鹏、苏绪和吴友奇飞马赶到，枪下留人，救了成连音一命，后改为判刑八年。1964 年，成连音又以“投机倒把、反攻倒算”罪，被判刑三年。1974 年，他在贫病交加中去世。

剿匪结束后，吴存银离开部队，从青木川区长当到了宁强县委书记，一直没有离开这块土地，于 20 世纪 90 年代病逝。

黎民觉解放后任汉中市副市长、陕西省政府参事、省政协委员，在 96 岁高龄去世。

1952 年，刘加三在西安市教师集训会上，因其政治历史复杂，受到严格的审查批判，后触电自杀，时年 52 岁。

千禧年盛夏，在军区干休所的段远鹏被查出癌症晚期，自知不久于人世，自 20 世纪 50 年代离开宁强以后，快五十年没有回到过那块土地了。他思考很久，拨通了吴友奇的电话：“我想出趟远门，去个地方，你陪我去。”电话那头的吴友奇思考了片刻：“宁强？”

“你小子真不愧是我肚子的蛔虫，不仅去宁强，我最想去的是宁西！”

“你的身体不允许长途跋涉吧？”

段远鹏长时间没有回答，吴友奇也没有再问，两个耄耋老人在一起共事快七十年了，即使不说话，也明白彼此所想。

两人说走就走，没有告知家人，也没有通知地方，结伴来到了广坪。山民惊异地发现烈日之下，两个白发苍苍的陌生老人挺直了腰板，正在广坪狭窄的街道上漫无目的地游荡。

广坪的烈士陵园在街后面银锭山对面的北山腰上，时值盛夏，陵园里几乎没人。段远鹏抬头看看半山腰的烈士纪念碑，仿佛就在眼前，但每走一步都极为艰难。正常人二十分钟的山路，两人走走歇歇，竟然走了三个小时。段远鹏满身大汗，吴友奇看不下去，说：“别上去了，我们走到这儿，也意思到了。”

段远鹏瞪了他一眼，继续扶着栏杆，艰难地跨出一步。等到走近烈士纪念碑时，两人都气喘吁吁，说不出话来。一阵山风吹过，段远鹏迎风擦擦汗，从挎包里取出一块洁白的毛巾，在一个个名字熟悉的烈士碑前，认认真真地擦拭，曹廷林、林双、山娃子……一边擦一边喃喃自语，最后在刘型墓前，老泪纵横的段远鹏停了下来：“老首长，原谅远鹏，隔了一个甲子才来看望您。”

段远鹏将挎包中的茅台酒取出，将酒杯倒满，洒下去。刚才还风和日丽的天气，突然雷电大作、大雨瓢泼，冷风阵阵袭来，段远鹏和吴友奇只得在大雨中相互搀扶。段远鹏回想到 1936 年浓雾弥漫的山林中，在泥泞的山路上艰难行走的情形，想到 1949 年在大雨中挺进宁强的岁月，那时的自己是多么的年轻，多么的意气风发。他仿佛看到刘型、曹廷林、山娃子等许多牺牲的战友从地上站起来，在他面前谈笑风生。

恍惚间，段远鹏问搀扶他的吴友奇："你看刘型团长还是那么年轻，还穿着红军的军装。"

吴友奇喃喃道："他们的生命永远定格在那个岁月了，老首长，我们要好好生活，我们不但要自己活，还要替他们活。"

段远鹏回过神来，泪水和雨水混合，迷离了双眼，他用手背擦擦眼睛："走，下山，陪我再做最后一件事。"

段远鹏和吴友奇来到宁强县委，将毕生积蓄以"老党员"的名义全部捐赠出来，希望县委能在宁西盖一所希望小学。

离开宁强地界前，段远鹏说："吴友奇，我这辈子最后给你下达命令，你要给我督促好希望小学的建设，建好后，代我来看一眼，告诉我。"

吴友奇不知道段远鹏已是癌症晚期，说："老首长，你放心，建好那天，我就是背，也要背你来亲自剪彩。"

段远鹏透过汽车玻璃，看看宁强连绵起伏的群山，笑了笑，没说话。

回到干休所后不久，段远鹏溘然长逝。

（全文完）

后　记

在2018年以前，我对陕南宁强县的了解还是一片空白，活了四十多岁，一直在长三角生活，压根就没听说过中国这块大地上还有宁强这个县。直到苏陕合作开展得如火如荼，我所在的江苏南通市港闸区和宁强县结对为友好区县，双方互派干部交流工作，来往密集，经济文化交流此起彼伏。

2018年初夏，作为港闸区的中国作协会员，我受邀去宁强县参加文化交流活动。宁强县空气清新，下飞机后乘车穿过莽莽秦岭巴山，来到宁强地界，身心不禁为之一震，可能是空气中负氧离子含量高的原因，虽然长途跋涉，却毫不觉得疲乏。

宁强县文联主席王化斌和县委宣传部干部严明都是年轻人，年纪小我很多，但非常谈得来，一路上和我形影不离。在他们二人细致入微的介绍下，我渐渐进入角色，开始喜欢上宁强的一山一水、一树一木。回通后，我写了篇散文《笛羌之歌声声长》，发表在2018年7月7日的《人民日报·大地副刊》上。王化斌第一时间看到后，给我打电话，激动之情溢于言表。在电话里，他花了很长时间给我介绍宁西的传奇和新中国成立初期的革命历史，以及解放以前宁西民团的一些传说，这一下子就将我的心抓住了。那段时期，我刚好处于创作真空期，在寻找一些素材，之前我也拜读过叶广芩老师的《青木川》，心中就有一丝萌动，说不定宁西的剿匪故事也能创作成一部非常优秀的小说。

在宁强县委宣传部、县文联的力邀之下，我于2018年8月第二次赴宁强。这次待的时间就长了，我在宁西广坪、青木川、大安、阳平关等乡镇采风，寻找当年解放军在宁西剿匪的影子。但很遗憾，由于隔了近七十年，当年的知情人大多都辞世了，细节不够多，根本不足以支撑一部长篇小说。正当我情绪低落，打算心灰意冷地离开宁强时，化斌主席神秘地朝我眨眨眼，对我说："明天，我请张大明老师陪你再去青木川。"

时值盛夏，西安也好、南通也好，温度都快接近四十摄氏度，但青木川在郁郁葱葱的群山环绕中，却清凉宜人。这里是天然的避暑胜地，晚上睡觉不但不用开空调，还要盖层薄薄的毯子。在青木川，我初见张大明老师，老人身材瘦削，但精神矍铄，一点不像七十多岁的人。他听说我是为了写一部解放军在宁西剿匪的小说而来宁强采风时，激动地抓住了我的手，久久没有松开，眼中竟然有泪花在闪烁。

"我等这一天，已经快三十年了，我要在有生之年对广坪的烈士有个交代。"老人颤抖着从怀里掏出一本小册子《血色黎明》，这是他三十年前担任广坪乡副乡长时采访新中国成立初期宁西解放军剿匪的当事人而留下的珍贵资料。这些当事人大都已经离世，因此资料就显得弥足珍贵。在随后的时间里，老人陪着我在大山里行走，一点一点地给我讲述他所知道的当年解放军在宁西剿匪的细节，人物的个性，那些如烟往事仿佛被大风吹走了的尘埃，又再次鲜活地出现在我们面前。那些可爱可敬的英雄人物和特色鲜明的民团枭雄，好像就在大山里行走。

我离开宁强的最后一天，张大明老师陪我去广坪镇后山的烈士陵园，我们祭奠了为了人民解放而英勇献身的革命先烈。与张大明老师分手之际，张老师紧紧握住我的手："陈老师，我们宁强是国家级贫困县，你无论怎样也要将这部红色文化作品创作出来，以告慰那些为新中国牺牲的烈士。"我没说话，郑重地点了点头。"你要不要微信？我们加个好友？"张大明老师看我的时候竟然有一丝孩子般的顽皮和羞涩。

回通后不久，我即收到一个大大的包裹，起初我并没在意，打开一看，原来是张大明老师在几十年间购买、收集的多本解放军在宁西剿匪的珍贵史料和他所采访、了解的相关史实。我电话拨过去。张老师在电话那头说："这都是我最珍贵的东西，压箱底的。我连老伴、儿子碰都不让碰。陈老师，我相信你，全部提供给你……"我在电话的这头沉默了良久，一向自认为口才极好，在课堂上能脱稿讲两三个小时的我竟然长时间说不出一个字来……

后来，我在国内报纸杂志上发表的文章在微信朋友圈转载后，张大明老师对每篇文章都认真阅读，并转发推荐，给我以极高的评价。

宁强县委常委、宣传部部长丁世鹏对这次红色题材文学创作非常重视，不仅安排有关方面提供采风活动的便利，始终关注小说的创作，还多次就故事、人物等提出好的建议。

创作的艰辛不需多说，每当在创作的艰难时刻，我在宁强的朋友们都时时刻刻在鞭策我、鼓励我。我每天晚上在敲打电脑键盘时，更觉得为新中国成立而献身的革命烈士都在注视着我。

一部十多万字的红色长篇小说《黎明之前：宁强剿匪往事》杀青后，我战战兢兢地将初稿送给宁强县委有关领导和张大明老师。他们给了我很高的评价，也真诚地提出了很多修改意见。

几轮修改后，这部红色文化小说终于定稿，提交到中国工人出版社走出版流程。《黎明之前：宁强剿匪往事》这部小说在高手如林的江苏作家中脱颖而出，被江苏省作协列为江苏省2019年重点文学作品创作扶持项目，被南通市委宣传部列为“五个一工程”精品扶持、汉中市委宣传部列为重点文艺创作资助项目。著名作家范小青主席对这部书提出了很高的期望。

前不久的一天晚上，我正在伏案敲键盘，化斌主席和张大明老师不约而同地打来电话，邀请我有时间再去宁强走走看看。我出神了好久，仿佛又呼吸到了秦岭巴山洁净如洗的空气，闻到了麻辣鸡和核桃馍的香味，感受到了宁强县朋友们的那份真挚的友谊……

这部作品不久就要面世了，我祝它好运，感谢广大读者和辛勤劳动的编辑老师。

（本文发于2019年11月26日《陕西日报》、2019年7月18日《南通日报》、7月9日《汉中日报》）